U0456089

国家社会科学基金（项目编号：23BZZ039）研究成果

政府数字化转型研究

魏　巍◎著

天津社会科学院出版社

图书在版编目（CIP）数据

政府数字化转型研究 / 魏巍著. -- 天津 ： 天津社
会科学院出版社，2024. 7. -- ISBN 978-7-5563-0987-0

Ⅰ. D63-39

中国国家版本馆 CIP 数据核字第 2024DG6571 号

政府数字化转型研究
ZHENGFU SHUZIHUA ZHUANXING YANJIU
责任编辑：李思文
装帧设计：高馨月
出版发行：天津社会科学院出版社
地　　址：天津市南开区迎水道 7 号
邮　　编：300191
电　　话：（022）23360165
印　　刷：高教社（天津）印务有限公司
开　　本：710×1000　　1/16
印　　张：15
字　　数：206 千字
版　　次：2024 年 7 月第 1 版　　2024 年 7 月第 1 次印刷
定　　价：78. 00 元

版权所有　翻印必究

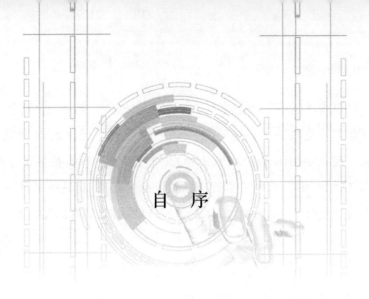

自　序

　　数字化转型是中国政府乃至世界各国政府都需面对的一道必答题。当今时代,数字化发展不断汹涌澎湃,喷薄而出的"数智化"技术犹如一股股浪潮,不断冲击着、倾覆着人类生活的方方面面,逐渐产生了数字经济、数字治理、数字社会等范畴和概念。即使地理上最遥远的角落,也渐渐湮没在数字技术的洪流之下。处在时代的风口上,对任何组织和个人,数字化转型的命题既是挑战,同时也伴随着机遇。已经深刻置身于此境地的政府组织,面对数字技术,焦虑、希冀、彷徨、冲动,各种复杂的思虑也骤然交织在一起。一方面,数字技术的精准、高效吸引着政府,希望以此为基,革故鼎新,去除组织内积弊;另一方面,数字技术的强大和深奥又让政府感到难以驾驭。

　　既然无可避免,那只能在面对的过程中寻找解决的办法。本书观察和探讨了中国政府在寻找数字化转型之道的过程中,所做的若干尝试与探索。政府的数字化转型当然离不开数据。政务数据如何共享,共享的数据质量究竟如何,以及数据最终如何在应用场景中发挥作用,都是亟待回答的基础性问题。本书第一章以数据共享为核心议题,尝试回答上述问题。第二章尝试以"智能合约"建立政府部门间的自动化联系方式,来解决传统科层制组织的条块分割弊病。第三章聚焦监管的数字化问题,监管数字化的内涵和价值,以及应用中体现的创新机制,都会一一展示。第四章分析了数字政府变革中的个体,基层公务员在面对数字时代需要怎样的数字素养以及创新管理的核心能力。

本书是笔者将近三年来思考、写作的有关数字政府的内容重新整理集结而成。除此之外也收纳了一些早期的研究成果,其中最早的内容至今已有九年的时间。这九年(2014 年至 2023 年)的时光是宝贵的,她见证了我从重燃学术的志气,到一步步发现学术的乐趣和自身价值,以及最终幸运地重回学术殿堂之中的全过程。本书得以付梓,正是对这段时光最好的纪念。

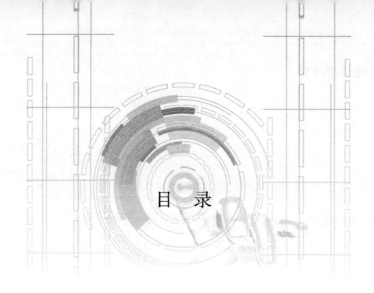

目　录

Digital Transformation
Digital Transformation
Digital Transformation
Digital Transformation

第一章　政府数字化转型的数据基础

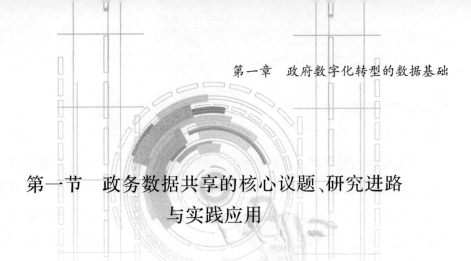

第一节　政务数据共享的核心议题、研究进路与实践应用

随着大数据、云计算等新兴技术等不断演进并普及,我们的社会正加速向数字化迈进。这意味着行政机构不仅必须迅速地适应新的管理思路、技术、方法,而且还要充分利用高技术行政工具,以有效地增强政府工作的效率和公共服务的供应能力,这对于政府管理在理念和技术上实现全面多维的数字化的转型和升级有重要意义。《中共中央关于制定国民经济和社会发展第十四个五年规划和二〇三五年远景目标》的建议中明确强调,要坚定不移建设数字中国,加快数字化发展,加强数字社会、数字政府建设,提升公共服务、社会治理等数字化智能化水平。数字政府建设是一个系统性工程,因此在推进政府数字化的进程中必须以整体性观念进行建构,同时在建设过程中要特别注意内部的协调性和互通性。只有构筑全面完善的数据协同共享机制,运用技术方法将杂乱的"琐碎数据"编织成高效运转的"大规模数据",才能破解现存的分隔纵向政府层次、横向政府部门间的"信息壁垒"和"数据孤立"。因此,政府各级部门以及各个组成部分之间的数据共享,已经成为目前学术研究和实践运行中备受瞩目的焦点。[1]

各级政府在实践运行中积极尝试和革新高效的政务数据互通共享途径,同时正加速推进相关法律法规、制度及政策的制定与优化。近些年,各省级政府也相继制定和出台了一系列政务数据共享方案,都在对政务数据共享机制这一较为空白的领域进行初步尝试和探索。比如,贵州省在政府部门设立了"数据专员",由"专员"来专人负责数据的调度和监督;再如,上海市通过构建以绩效评估为核心的共建共享综合评价体系来推动系统整合;此外,广州市政府针对政策不完善的现实情况,灵活采用了若干"迂回"政策,在现有条件允许的最大限度内实现政务数据共享。虽然各地区在政务数据共享方面进行了广泛尝试,并取得了一些成效,但在实际操作中,数据共享的质量仍然不尽人意,供需之间的匹配也存在偏差。这提示我们必须对各地的实践探索进行系统的总结和整理,以便提炼出促进政务数据共享的通用路径和运作逻辑,从而为数据共享的推进提供更为明确和系统的理论支撑。

在学术界,政务数据共享研究成果也十分丰富,呈现出多层次、多维度的交互的现象,但对于政务数据共享机制等核心议题仍没有形成普遍共识。综合目前学界成果来看,政务数据的汇聚和共享通常来说会有物理集中和逻辑集中两种方式。吴应良等学者认为应将数据集中管理,他们对以上两种数据共享机制的优缺点进行了分析总结:分布交换式之下各主体权责及数据安全边界明晰,但这意味着主体之间的数据交换需要复杂的逻辑机制来支撑;集中共享式模式之下各项数据容易形成统一,但这会导致占用过大的储存空间,同时主体权责模糊也容易制约效能的发挥。[2]张培勇等学者比较倾向采用分布式管理,在他们看来,如果采用集中共享的方式,会导致数据收集周期较长,从而无法保证数据实时性。同时,各部门、各单位也面临着执行过程中的协调和配合问题,这些客观存在的问题表明数据集中管理存在较大漏洞。学者们之间的观点争鸣也提示我们应当系统梳理当前政务数据共享过程中的关键问题和研究现状。[3]

数字政府建设研究越来越受到关注,使得政府数据的互通共用逐渐成为各界共同研究和探讨的学术焦点。虽然研究视角、研究方法各异,但学者们普遍达成了一个共识,即在数字化时代,政府数据的互通共享成为联结政府间信息流动、治理流程和关节节点,以及串联公共服务等传统公共管理学研究范畴的关键转接点。另外,一般谈到的政务数据共享研究,会在数字政府建设的背景下,对确保数据安全、提高运营和维护效率等关键问题产生了深远的作用。因此,明确目前政府数据互享的主要难题,总结政府数据互享过程中出现的核心阻碍因素,提取各地在实践探索中展现的一般性实际规律,以期高效促进政府数据的协同互享,挖掘数据的潜在价值,为提高政务服务效能和质量提供坚实支撑。本节深入分析了现有政务信息共享面临的的主要问题及其成因,并依据理论基础提出了应对这些问题的核心策略。与此同时,经过对贵阳、武汉及广州三个城市在处理政务信息互通共享问题上的策略与行动进行比较分析,提炼出这三个城市在实施过程中的共性与独特之处,旨在为不同级别的政府机构在促进政务数据互通方面提供有价值的参考和借鉴。

一、政务数据共享的核心议题及生成逻辑

(一)行政管理维度

行政官员的保守观念是制约政府数据互通的首要难题。一些思维僵化的部门往往存在着明显的部门自利性,甚至存在着"公权私化"的倾向,他们将带有公共属性的政务数据视为私有权力。由此导致一些部门将政务数据整合共享过程看作是对本部门权力和地位的削弱。部分部门和官员在推进政务数据整合共享的过程中,往往因谋求部门权益和个人利益的最大化而采取怠工和应付的态度,这种态度甚至演变成对政务数据整合共享的抗拒和阻挠。诸多地方政府将政府数据的互联互通视为"一把手工程",甚至有些地方政府提出"不提供数据即意味着失去职位"的极端口号,这种行为背后蕴含的逻辑就在于部门内部存在的利益分割和保护主义。虽然有"压力型体制"下高位推动加持,但现实之中还是存在着大量政务数据共享数量有限、质量不高、和供需错位等问题,"提供的数据不需要,需要的数据不提供"这种做法与行为恐怕也与行政管理人员敷衍、搪塞的态度有关联。

其次,政府层级的体系和部门之间因条块分割造成的政务数据共享障碍,是其结构性原因。我国各级政府部门纵向上着节制与被节制关系,这是我国科层制的组织架构和"锦标赛"政治体制高度相关。在纵向层面,各级政府部

门均受中央部委信息系统的一体化管理,这种方式虽然确保了清晰的指挥链,促进了不同层级间的政务数据互通,但也暴露了由于标准不一和平台孤立而造成的"数据孤岛"现象。在横向层面,社会治理事务的日益精细化使政府部门间职责越来越专门化。然而,这种过于精细的分工可能加剧某些具备高度专业性的部门产生优越感好垄断倾向。这样的心态往往会激发这些部门试图主导数据共享,进而引发越位行为,使得跨部门间政务数据的协同共享受到一定程度的制约。同时,由于横向政府部门之间出于平权关系,在没有有效力量的介入之下,各部门之间在政务数据共享过程中极易出现被动等待、无效沟通,从而陷入集体行动困境。此外,在部门激励考核机制下,横向地方政府之间以及政府组成部门之间往往产生不良竞争,这种不良竞争进一步弱化了实现政务数据共享过程中各主体之间的利益基础。因此,在缺乏充分的合作动力时,各政府、各部门便会"理性选择"不参与政务数据共享或在政务数据共享过程中搭便车等非合作或虚合作现象。[4]

最后,政务数据共享的重要障碍是政务数据激励和奖惩制度缺位,评价体系不健全。当前实际运行中,政府垂直管理部门普遍拥有专业垂直业务系统,这一垂直业务系统与地方政府部门之间的横向协同共享系统同时存在,但却存在一定的互斥性。这种系统之间的兼容不充分,导致地方政府各部门在进行政务数据的整合共享时,一方面要向纵向部委系统录入数据、开展工作,另一方面还要配合本地政府,向本地系统录入数据。这种重复录入不仅大大加剧了部门的任务量和压力,同时也严重影响了地方部门和人员在推进政务数据共享过程中的积极性。此外,目前的数据整合共享管理体制机制并未包含有效的激励、监督和问责机制,这一缺陷将导致政府部门在数字化建设方面的水平差异进一步扩大。[5]

(二)数据管理维度

政府数据共享在数据治理领域遭遇到了诸多挑战,如难以整合分散的政务数据资源,缺少统一规范的数据标准,数据所有权归属不明、数据存储不当可能引致的安全风险。尤其是分散的政务数据无法有效连接,可能阻碍构建规模化数据池。这进一步妨碍了政务大数据的高价值挖掘与应用,严重影响了政府数据共享的效率、成效及其功能发挥。

地方政府没有在数字政务或数字政府推进过程中,设置统一的协调机制和串联模式以及政务数据共建共享体制机制,导致各部门之间在数据整合共享中鲜有沟通协作,从而形成不同部门的数据信息系统处于自我工作和相互隔绝的情况。各部门在数据的采集、存储和流转过程中标准差异显著,甚至由于产品自身性能差异以及技术壁垒等问题使部门在数据编码层面也存在明显差异。不同数据之间衔接不畅、标准不一,直接影响了政务数据共享的规模和质效。另外,由于部门职能不同,部门业务数据也会呈现一定独特性。这种独特性在某种程度上与政务数据的标准化、流程化相斥,从而使得部分专业性很强的业务模块只有业务熟练的专业人员才能办理。业务的特殊性以及对操作人员熟练性的严格要求,一定程度上影响甚至阻碍了不同部门之间统一数据标准和组织流程,进而出现了政务数据整合共享的进程缓慢和阻滞的情况。[6]

数据共享是一个系统工程,其中包含数据采集、数据脱敏和数据交换等重要环节和过程,只有确立明晰的数据所有权才能保证上述环节和流程正常运转。明晰的数据所有权即意味着相关行为主体应当依照数据资源共享目录的相关要求收集质量好、价值高的数据,并对数据进行脱敏处理。目前的数据脱敏一般由第三方完成,如果政府监管不力或者第三方技术存在漏洞,可能会造成部分敏感数据在脱敏过程中被泄露或被二次利用,甚至对数据进行盈利性转卖。确定了数据的产权也意味着明确了数据开发后其价值变现而产生的收益分配归属。

除了上述问题,数据安全也是数据管理中不得不高度重视的问题。特别是涉密数,据事关个人和国家利益,更应警惕对其进行违规交换、开发等行为。数据安全受到诸如数据存放位置与传输路径、存储介质的性能和特性等客观因素的制约。政务数据的安全漏洞还可能源于多种内外部要素,如非法侵入、恶意软件部署、外包管理缺陷、控制机制不完善、技术方法滞后等,这些因素均可能导致保密数据遭受安全风险。

(三)技术管理维度

在互联网、大数据、人工智能尚未充分发展的时期,政务数据资源整合共享技术发展缓慢,呈现出智能化水平低、处理运算效率不高、运行过程繁杂、系统平台不稳定等特征。目前客观技术条件日益完善,各级政府部门应不断提升政务数据共享技术能力,具体包括数据平台技术、信息安全保障技术、数据资源目录编制技术以及数据质量监控技术等。[7]

在一些地方政府建构信息化系统过程中,由于缺乏长远的规划,未能充分预见信息化时代的快速迭代升级以及政务数据交换与共享的重要性,因而采用了兼容性较弱的封闭系统,这在客观上限制了部门之间的政务数据共享。另外,地方行政部门之间在业务量的巨大差异也是一个不能被忽视的关键因素,这种部门业务量差异悬殊使得各部门之间政务数据信息系统建设的需求和进度也会出现显著差别。在政府组成部门中,一些边缘型业务部门仍处于传统办公阶段,信息化办公系统严重滞后,在实际工作中仍然以纸质档案来采集、存储和交易业务数据,这极大地延缓了地方政府在推动政务数据系统平台的整合以及数据的规模化、系统化建设上的步伐。

实现政府数据共享的关键要素包括强大的大数据基础设施以及高速数据传输技术。然而,目前所应用的数据存储平台和数据传输设备在实际中并未完全符合现实需求。选择适宜的数据存储平台时,必须深入评估其安全性要素。这种安全性不仅指物理层面的安全,亦包括信息安全。换言之,所选平台必须在两个关键维度上均达到安全标准。但目前的技术条件难以支撑政务数据进行大规模的流通和共享,只能满足一定程度和一定规模的数据共享整合需求,技术硬约束降低了采用集中式数据管理方式的可行性。

技术水平和能力有限,不仅会降低政务数据在收集、保存及传递过程中的效率,还可能使政府部门在评估数据共享的安全性与稳定性时产生误差,进而降低政府部门及其工作人员在政务数据共享方面的主动性和热情。另外,当面对技术领域潜藏的未知风险以及对技术安全保障的疑虑时,或许会慎重考虑、减缓步伐,逐步推行各项业务的数字化。然而,在信息化时代,面对技术风险,传统的管理模式通常会显得"力不从心",导致众多政府机构陷入了左右为难的困境。

二、政务数据共享的理论框架及研究进路

为了更好地实现对政务数据共享的治理,应从行政、数据和技术三个维度进行分析和探讨。

(一)行政的法律、体制和机制

在宏观维度,应建立健全与政务数据相关的法律、法规和政策体系,搭建系统化、一体化、集成化的制度运行体系,为政务数据在标准化、安全性等方面提供强有力的硬性支撑。同时应制定科学合理、公平公正公开的奖惩措施来切实保障政务数据共享过程中的执行效力,要充分明确和规范政务数据系统中主体之间的权责利关系,提倡行为主体在执行相关政策中坚守合法底线、保持积极作为。在中观维度,必须完善政府数据整合与流转的管理体系,界定不同政府机构在数据整合和共享中的责任范围。政府数据整合共享的效果应成为评价部门和工作人员成绩的一部分,从而在制度上提升政府部门及工作人员对数据共享的认识,激发数据整合共享的动力。在微观维度,应结合现实情况建立并优化政务激励、问责、监督等政务数据整合共享机制,同时要制定切实可行的激励措施,另外也要塑造一种基于共享与信任的集体文化。这样不仅能够激发政府部门及工作人员共享政务信息的动力,还能深化其对政务数据共享与政务资源整合之间深层联系的认识。通过这种方式,可以实现数字政府建设项目与提高行政效率、改进服务水平之间的有机融合,进而推动整体行政效能的升级。[8]

政务数据考评体系是保障政府信息资源整合与互换过程中实施有支点、

推动有根据、成果可衡量、执行有责任的关键"工具"。清晰的权责边界、明晰的制度安排和科学合理的行为准则能够有效约束和规范政府部门及人员的行为,从而消减在政务数据共享中的消极和敷衍态度。已有研究充分表明,相关参与政务数据共享的行为主体在处置政务数据共享问题时,一方面要从制度框架设计和共享文化培育着手;另一方面还应该制定合适的奖惩机制来对积极作为者进行奖励,对消极敷衍者进行惩戒,要以严明的制度机制约束数据交易和开发当中的不规范行为,探索将政务数据共享成效考核纳入公职人员升迁制度当中。另外,应推动数字化水平较低的部门和较高的部门之间建立学习合作交流制度,采用先进带后进的模式逐步减少这些部门在数字化应用方面的差异。跨部门协同学习的机制,不仅能弥补各个部门间的信息差,还有助于加深对政务数据资源价值性和重要性的深层次认识和理解,进而逐步消减甚至消除妨碍政务数据互通的技术、信息和文化的障碍。

(二)数据的标准、规范和流程

首先,建设一个包含标准化政务数据的网络和平台是解决当前政务数据共享问题的关键所在。标准化建设本身并不是目的,甚至推动政务数据共享也仅仅是"千里之行,始于足下",真正的目的在于为数字政府发挥其协同性和整体性的本质特征奠定基础。因此,应该建立一套覆盖政府数据编目管理、资源安全、传输流转、开发利用以及共享平台开发等流程和环节的相互链接、相互嵌套的技术标准化体系。

其次,要制定统一、规范的数据资源采集、传输、储存和处理的流程和办法。首先,应从战略层面规划,明确参与政府数据共享的相关方,规范政府数据在相关方之间的传输路径、流程和方法,确保各方对共享目标有统一清晰的理解。必须利用法律和制度确立的强制性框架推进多个部门与多个主体之间的政务数据资源整合和共享。为确保政务信息在存储与传输过程中的安全,应建立一套与政务数据种类及存储介质相匹配的、严格的安全防护体系,并加强国家对政务数据存储和传输基础设施的安全认证机制。利用如区块链和元宇宙的尖端技术,深化对政府数据传输过程的监管与保障。要统筹兼顾,应避免过于严苛的禁止和严控,也应避免过于放松的放任自流和不负责任。

最后,应从底层技术逻辑出发理解标准化构建对于政府公共服务数据互通共享所产生的重要价值。在推进政府数据互通共用规范化发展的过程中,应当主要集中于证照、业务、办事流程以及示范性操作等方面,推行"多证合一"和"证照合一"对在简化办事流程方面显现出明显成效。优化业务流程和规范操作程序能够有效提高效率,减少不必要的重复步骤。通过构建规范化体系,能实现政府部门、信息系统以及各个功能单元间政务数据的顺畅高效互动,这对于促进政务信息资源的快速共享与提高政务服务质量具有显著的促进效果。

(三)技术的保障、效度和平台化

首先,完善且高效的政务数据资源的整合技术,构成了政务数据共享的关键支撑。政务数据共享涉及多个方面、多个环节的技术,具体包括数据采集、数据链接、数据分析、数据传输、隐私保护、数据安全、数据中台以及信息系统等技术。这些技术作为政务数据共享集成技术中的重要环节,各个环节的技术都彼此嵌套,为推动部门和平台之间的数据闭环流动奠定了基础。

其次,应该依托云计算技术不断提升政务数据管理平台的效度和限度,让更多数据资源集中汇聚至同一平台。同时,标准化建设能够将数据进行统一处理,经过标准化处理的数据能够在兼容系统间顺畅流通。加强数据基础设施建设,为来自政府各部门以及政府外部的政务数据存储和传输提供硬件支撑。同时,要借助于先进、严密、可靠的数据监管技术对政务数据实行分级、分层、分类管理,避免数据在流通环节中泄露。[9]

最后,应把政务数据共享的新技术与新平台进行充分融合和贯通。云平台具有应用场景广阔、适应性强等特征,能够实现对多场景、多模块、多领域的兼容处理。因此,应基于云平台安全性高、延拓性好、适应性强的特点,把云平台作为基础为政务数据的传输和交换建立统一集中平台。可以通过升级改造现行的政府信息平台,可以实现从传统网络到云计算的迁移,进而依托云技术,促进不同政务数据处理系统和模块之间的融合与协同工作。

三、政务数据共享的探索案例及实践应用

在中央顶层设计和政策支持推动下,大部分地方政府都态度积极,纷纷就政务数据共享进行了充分有益的尝试和探索,但目前尚缺乏对各地丰富多样实践探索可复制、可推广的规律性经验的归纳和总结。贵阳、武汉、广州三个城市在政务数据共享建设中各有所长,虽然其经济发展水平和城市区位要素各不相同,但在实践探索中也呈现出一些共性,将这三地进行整理、比较和总结具有较好的借鉴意义与参考价值。

(一)贵阳政策先行

"政策先行、扎实推进"贯穿于贵阳市在推进政务数据共享的全过程。贵阳市率先出台了关于政务数据共享的地方性法规,这是国内首部相关的专门性法律,同时它也一并制定了相关的实施细则来配套法律运行。具体做法如下。

首先,贵州省从硬件载体入手,建立集数据收集、存储和传输于一体的政务数据共享平台——"云上贵州"。建立统一规范的数据资源目录,是实现政务数据资源整合共享的重要基础和前提,同时也能为不同政府部门和不同地方政府之间的政务数据共享提供了重要依照。贵州省颁布了全国首个专门针对政府数据资产的管理条例,这一政策法规确保了数据资产的集中度得到显著提高。贵州省从法律层面规定了相关行为主体之间的权责关系,企业、政府大数据管理部门和政务业务部门分别负责基础设施投资建设、数据标准制定和数据治理秩序维护、数据采集和登记。

其次,贵阳市搭建的"云上贵州"平台,对于同级政府部门之间的数据共享、业务往来和协同合作发挥着积极作用。贵阳市将不同平台和不同结构的

数据进行统筹整合,切实推行政务数据的标准化和规范化政策。这种以基础库和主题库为核心建成的政策及协调机制,很大程度上保证了数据采集中的准确性,也避免了数据的重复性,促进了部门间的高效协作和业务之间的高效协同。

(二)武汉技术先导

"标准为纲、试点推进"是武汉解决政务数据整合共享问题的总体纲领。武汉市提出,政务数据共享的难点在于通过技术进行整合,必须将基础技术的提升作为主要工作思路,在此基础上再施加各种政策工具的影响。这巧妙结合了顶层设计与底层探索,融合了高层规划和基层实践,并且以政务数据的标准化和规范化作为切入点,分阶段、有序地不断优化技术平台,推动政务数据的共享进程。具体做法如下。

首先,以标准化建设为基础性工程推进政务数据共享。武汉市优先对行政许可证书的签发流程、服务指南的更新以及标准化操作范本等关键领域进行标准化改革和完善。武汉市的具体做法是对来自各部门的政务数据通过大数据技术进行整理,同时在整理数据的过程中统一数据名称、数据内容、数据形式以及数据存储方式等,此外也对各方面的共享需求进行有序分类和分级。在实际标准化建设中,通过运用并行开发和分包的方式不断提升系统建设和数据交换运用的效率和质量,最大化降低后期运维和升级所需的成本。

其次,分层次、分类别、分流程、点线面结合推进政务数据共享。武汉市充分利用现有的一体化综合收发系统,建立了部门之间的紧密衔接机制,逐步完成数据之间的传输和对接,从而一定程度有效避免了"数据孤岛"现象。武汉市选择了多空间物理存储和云端统一调用相结合的方式进行政务数据的储存和调配。武汉市根据各部门信息化水平,分级分类推进各部门的数据标准化建设,针对信息化发展起步的部门,要求其对单位的纸质档案数据进行梳理并利用技术手段电子化;而对于那些信息技术基础较扎实但还未开始标准化建设的部门,政府则指导其依据统一的规范来整理数据,以便为数据共享奠定坚实的基础。

最后,提供人、财、物等资源要件作为强力支撑和保障。武汉市一方面从顶层的制度和政策设计入手,另一方面也聚焦于建立长效保障机制,通过财政补贴、固定的专项经费投资等方式,确保了基层政务数据共享建设顺利进行。技术和物资决定共享整合的下限,人员素质则决定共享整合的上限,武汉市充分利用高校众多的优势从中挖掘师资培训和智库资源,不断提升相关工作人员的专业水平与业务能力,同时关注理论与实务界关于政务数据共享的最新进程并及时优化更新。

(三)广州创新先试

"探索创新、积极有为"是广州市推进政务数据共享的突出特征。广州市在现有政策框架范围内将现存资源和工具进行整合来解决政务数据共享问题。广州市南沙自贸片区通过施行"迂回"策略来破解市场监管中遇到的因数据共享不畅而导致监管效能不佳的问题。所谓"迂回"战略,是指当前没有现存的相关政策,而在未来出台相关政策的概率和可能性又很小时,采用已有的"土办法",以达到并达成预定的目的的方法。具体做法如下。

首先,由部门之间自发根据业务关系签订双向协议从而打破部门信息藩篱。广东省关于政务数据共享的相关政策在 2018 年之前尚未出台,南沙区市场监督管理局在此之前没有相关法律或政策作为合法性依据为部门间政务数据共享提供支撑。面对这种情况,南沙区市场监督管理局自发通过与业务和数据相关部门逐一签订双向协议的方式来打通数据共享的壁垒,从而有效避免了制度和政策缺位导致的"集体行动"的合作障碍,为开展跨部门协作的市场监管奠定了首要基础,在数据层面进行了有机联结。

其次,梳理整合内部数据,化解市场主体"数据重复、分散杂乱"的问题。在没有实行证照合一改革之前,市场主体的各类信息并未存放于统一的数据系统。南沙区相关部门将市场主体的企业社会信用代码、企业注册号、企业名称三个关键词在自建的市场监管平台上进行串联。通过将这三个具有唯一性的关键数据进行串联,市场主体的部分信息就可以清晰完整呈现,在此基础上由人工进行手动调配,从而对尚未匹配的信息进行补充分类。这种内部整合的方式不仅可以解决数据分散的问题,还有助于提升政务服务的质效。

最后,以传统手动录入方式补充难以通过系统直连获取到的部门数据。政务数据共享的理想和简便模式是各系统平台之间直接对接、直接获取、直接验证、直接审批相关数据,但由于早期系统构建时各部门的标准不统一,导致系统间的协同性不佳,这一问题同样体现在南沙区市场监督管理局的企业信用信息平台上。该平台与多个部门业务系统之间无法通过直接连接顺畅地交换数据。针对先前的状况,南沙区监管部门利用区政务中心,向负责数据供给事务的部门提交了数据共享申请。之后,通过人工方式将数据转换成一致的格式,并输入到本机构的系统中。这种看似曲折的方式却在现有框架之下有效实现了数据共享的目标并减少了部门沟通过程中的协商成本。

(四)比较分析

通过梳理发现,贵阳、武汉和广州三市在推进政务数据共享过程中有以下几个方面的共同之处。一是三地都成立了负责大数据管理的专业机构,并且通过共享政务数据来推动数字化政府的构建。三市都对数据背后的职能和权责边界进行整合和明晰,扎实推动和引导各部门有力开展政务数据共享工作。同时,注重通过政策推动和组织充足的方式优化政务数据整合共享机制,为跨部门、跨层级之间的数据共享提供切实保障。二是三地同时重视数据标准化建设,通过技术与人工相结合的方式统一政务数据格式,从而实现有效对接。三市都实行渐进式改革的方式,由点到面逐渐试点和推广,一方面通过试点带动相关部门积极参与,形成共享文化,另一方面也通过试点进行经验总结以不断优化调整。三是三地都以深入推进"互联网+政务服务"的跨部门政务数据共享为策略。三市借助于信息技术工具构建了全省统一的政务数据系统,并以此系统来对各部门的业务和数据进行整合,通过发挥线上平台的贯通作用打通部门之间的壁垒边界,对于重塑政府治理秩序、提升政府治理的效率有重要作用。[10]

除了上述共同特征之外,三地在推进政务数据共享的过程中也各有侧重,所依赖的核心要素都不相同,三市的核心要素分别为政策、技术和实效。第一,政策是贵阳市推进政务数据整合的关键所在。通过政策的出台、调整和完善引导推动政务数据共享是贵阳市的主要方式,其充分发挥了政策的指引和规范功能。第二,技术是武汉市推进政务数据整合共享的核心要素。武汉市以数据标准化建设为核心,统筹数据建立、维护、处理新老数据库等各方面,实现新老数据库的统一规范。同时使用"大数据""云计算""区块链"等技术手段来实时更新数据。第三,实效是广州市推进政务数据整合共享的核心要素。在面对法律不全、政策缺位、系统不畅、标准不一的现实条件下,广州市为实现数据共享效果,充分盘活存量资源和条件,以有限的资源力量将成效最大化。

四、结论与建议

(一)结论

近些年来,各地、各层级涌现出众多深化政务服务改革、大力提升政务服务便利化和一体化的浪潮,在这些火热实践中,学者专家们普遍达成了一个共识,即要想实现推动政府数字化转型和建成数字政府,政务数据整合共享是首要前提。同时,学术界也就这一议题进行了充分关注和讨论。梳理现有公开发表的文献,发现目前对政务数据整合共享的探讨主要从法律、体制、机制、认知以及技术五个维度展开。法律层面存在的问题主要是各层级政府对于政务数据共享相关法律法规重视不够,法律完善的步伐不能及时跟上现实情况变化;体制层面存在的问题主要集中在对于科层制的体制对于政务数据产生的不利影响和相关数据管理部门职能权责不清等方面;机制层面存在的问题主要是奖惩评价机制措施不够科学、不够完善;认知层面存在的主要问题是相关行为主体在处于利益和风险等因素的考虑而表现出集体意识不强、信任缺失、共享文化难以成型等;技术层面存在的问题主要是研究视角没有超越数据标准差异、数据质量差异不高、数据安全稳定等常见话题。总之,现存的研究更多聚集于宏观的法律、制度、体制和中观的机制层面,但对部门间行为、个体认知、共享文化等微观因素却鲜有研究。

针对上述议题,学术界与实务界已经分别提出了不同的策略和处理办法。学术界主张,借助区块链、云计算等尖端技术,利用技术手段应对政务数据整合共享过程中遇到的交互信任不足、数据安全性较低以及共享机制不完善等问题,并增设专门的大数据管理组织,以协调解决纵横向体制分割的难题。利用先进的大数据分析工具,我们能够更精确地捕捉到各种需求信号,更有效地与社会公众需求对接,进而持续增强政府数据共享和应用开发的实际效能。但是这些解决方案在实务界基本都已经进行了探索和尝试,并没有特别创新性的方案,同时也没有对实际运行效果进行追踪观察和分析解释。比如,区块链技术为何没有广泛推行?政务数据共享考核评价机制为什么没有落地?个体在数据共享方面的观念、认识和自觉是如何培养?导致不同政府层级与部门之间未能形成有效共享文化的根本动因是什么?另外,实务界关注的核心和主要方向是政策文件的发布和数据管理机构的建立,这些尝试在一定程度上缓解了政务数据供需之间的冲突,但在实践运行中,仍存在政务数据价值利用率低、供需双方脱节等明显问题。

(二)展望

本节对当前现存于文献和报道中的相关政务数据共享的研究成果和实践进行了系统梳理,尽管其中部分内容已经取得了不小成果,但仍然存在不少值得继续关注和探讨的理论问题。具体有以下几个方面。

一是关于政务数据共享成效的评价研究。明晰当前政府数据共享的状况、评估政府数据共享的成果,是当前推进政务数据共享的高效途径。但目前相关领域的研究成果主要是以地方政府政务数据开放为评价对象,然后构建相关指标评价体系以形成开放指数来衡量开放成效,从而形成地方政府数据开放指数的排名。极少有对政府各层级各部门之间的政务数据共享状况进行深入分析探讨。"政务数据共享"和"政务数据开放"的两者之间在概念、对象以及流程方面都存在明显差异,政务数据共享是政府部门之间因工作需要而进行数据交换,而政务数据开放是政府因其职能规定而向社会依法公开部分信息。将政务数据共享成果的评价作为衡量标准,不仅促进了对实践的深入分析,而且有助于对政策、行为和机制在共享过程中所涉及问题进行深入研究和分析。

二是关于政务数据共享过程中的行为研究。目前,学术探讨与实践探索中,政府部门集中精力于政策制定、法律规范以及制度架构等较为宏观和微观的问题。然而,对于政府内不同部门之间,不同行政级别的地方政府之间,以及同一部门内不同机构之间的数据生成、储存、记录、交换等微观行为,以及这些行为背后的个人理解、集体感知与共有文化等组织层面行为缺乏系统且深入的研讨。关注个体及其行为对于深刻剖析和理解在推进政府数据互通互联进程中,数据提供者在提供数据时表现出的不积极、敷衍了事的态度至关重要。同时,该研究还探讨了建立健全跨横向和纵向政府部门和层级间的政务信息共享平台,并在此基础上深入分析了数字化政府建设中区域政府间关系的演变。

三是关于政府数据共享中的管理和服务研究。政府部门受制于其专业领域的局限,当深入挖掘并利用行政信息数据,并构建庞大的信息数据存储体系时,通常必须与第三方企业建立合作关系。政务数据事关国家安全和人民、企业的切身利益,具有高敏感性的特征。因此,政府在发包时必须提前充分与第三方的合作方式,特别是将应如何监督和管理第三方,既确保数据安全性又不至于过度约束和限制第三方发挥积极作用。相比于以往政府与第三方之间的合作,技术型公司的"不透明性"更强,这对合作过程中政府行为提出了更高要求,这一主题值得学术界进行深入探究。

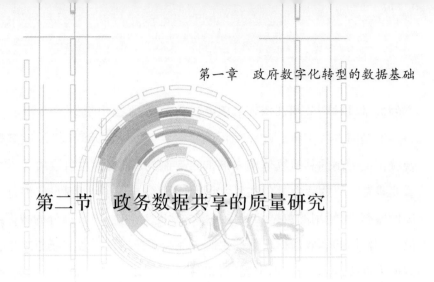

第二节　政务数据共享的质量研究

随着数字政府建设理论和实践的不断成熟,政府数字化进程不断加快,政务数据在各个部门之间共享的规模也呈现爆炸式增长态势,但数据供需错位、数据价值沉没等问题也随之而来:一些政府部门选择式共享数据或在执行相关数据共享政策时消极敷衍,对于关键核心数据不愿共享;数据共享后开发利用程度低,甚至成为"休眠数据"。如何更进一步推进政务数据共享,同时充分挖掘、开发和利用政务数据价值的路径十分模糊。政务 App 重复建设、基层数据重复录入、城市间的同类数据"层层加码"是上述问题在当前各地治理实践中的现实表现。实践中数据治理乱象频生,不仅与政务数据共享政策被变形有关,还与政策本身的可执行性直接相关。

"十三五"期间,我国便已开始布局和推进政务数据共享工作。2016—2017 年,由国务院出台的《政务信息资源共享管理暂行办法》(国发〔2016〕51 号)和《政务信息系统整合共享实施方案》(国办发〔2017〕39 号)为政务数据共享描绘了初步蓝图。再到 2021 年,中央网络安全和信息化委员会印发《"十四五"国家信息化规划》之后,利用政务数据共享充分赋能政务服务,使得"让群众少跑腿,让数据多跑路"的理念逐渐被各层级政府部门广泛接受。《中国地方政府数据开放报告(2021)》显示,截至 2021 年 10 月,我国 71.43% 的省级(不含直辖市)政府和 51.33% 的市级政府已经建设了政务数据开放平台,总体来看目前已经初步形成了"国家—省—市"的三级政务数据共享平台体系。这意味着我国已经实现了政务数据共享"从 0 到 1"的重要突破,政务数据共享的数量、规模、范围都达到了历史新高。

但是随着数字政府建设的深入推进,"有数量、无质量"的政务数据共享现状正成为制约其持续健康发展的重要制约,也成为数字政府建设中面临的重要难题。尽管政府部门在日常运行中已经共享了大量数据,但这些数据当中价值高、可使用的数据却较少。数据库庞大无比,但大部分的数据却都是难以发挥作用的无效数据。数据供需失衡经常性出现于各类场景之中,"提供的数据不需要,需要的数据不提供"的尴尬局面是现实中的常态。高质量、高价值以及关键核心数据或处于没有共享的状态,或处于未被有效开发的"休眠"状态。政务数据共享政策执行至今,对于这一议题的核心关注点已经从"能否共享"转变为日益增长的政务数据共享需求如何与政务数据共享发展水平适应和同步。实践中存在的数据共享范围小、数据标准不一致、更新不及时、安全系数低、溯源能力差等问题,逐渐成为政府改善行政效率、提升政务服务能力的重要阻碍,也会对高水平建设数字政府产生不利影响。

政务数据共享中出现"有量无质"的现象,与政务数据共享政策制定时其本身的可执行性欠缺直接相关。与"政策水流不到头"和"政策中梗阻"等现象一样,政务数据共享政策运行至今依然存在基层数据重复录入等行为,说明其在政策执行过程中也存在一定问题。在政务数据共享实施过程中,构建一个能够反映实时变化的政策执行分析框架,促进政策制定与实施环节的无缝连接,是解决政务数据互通共享中存在的"有量无质"问题的核心手段。聚焦于政务数据共享政策中的执行过程,建立动态性观测政策执行的模型,打通政策设计与执行串联环节,是应对政务数据共享过程中"有量无质"问题的关键方法和路径。各地政府已经出台了十分丰富的关于政务数据共享的政策文本,这些政策文本是分析和研究政务数据共享问题的重要素材。"模糊—冲突"模型是政策执行分析中的经典模型,现实解释力较强,在国内学者们的这一尝试探索下,这一模型与中国情景的贴合度不断提升,特别是其动态性和可量化性的短板在实践运用中不断被改进和完善。地方政府的角色具有双重性质,这一特性要求他们在制定和实施地方政策时,既要遵循和服从国家政策的导向与监管,同时也要深入思考政策的本地适应性和实施可能性。因此,可以将地方政府发布的关于数据共享的相关政策,理解为其对国家政策的解读、实施和执行的具体体现,这种内在一致性为将政策文本分析和政策执行模型结合提供了合理依据。

一、文献回顾

(一)数据共享研究的由来与兴起

政务数据共享研究被关注和重视与行政体制改革和新技术手段的升级存在密切相关。一方面,随着"放管服"改革的深入推进,进一步提升服务的效率和水平成为政府行政体制改革的重要目标,为了更好回应公众需求,政府部门借助现代科技手段来解决因机构和职能分散化和碎片化造成的政务服务效率不高、质量不佳的问题。另一方面,在使用大数据的过程中使得政府部门能够精准收集产生于公共服务过程中的元数据,并利用微型物理空间进行海量数据存储,同时高效率判别和分析具有高价值的数据。在上述背景之下,要想加快政府数字化进程、打通"数据壁垒"、打破"数据孤岛",政务数据共享是不得不面对的首要关键问题,与政务数据共享的相关研究正在逐渐成为学者们关注和研究的热点话题。

针对政务数据共享进程缓慢的现状,学者们尝试从多个视角解释政务数据共享受阻的原因。一是从府际协作视角出发,学者们认为政务数据共享缓慢的原因在于政府内部和激励机制不健全[4]。二是从利益关联者视角出发,学者们将政务数据共享中的相关利益主体纳入分析范围,着重分析了相关利益主体不想、不愿、不敢以及不能推进政务数据共享的深层原因,并在此基础上将政务数据共享问题视为相关主体的利益交换问题。三是从组织架构的角度出发,在这一视角下研究者们指出,政府数据共享的难题根源在于官僚体系内的部门划分,政府部门间的彼此独立甚至分割的运作模式造成部门间横向交互衔接低效,同时也造成政府治理行为碎片化,从而导致政务数据被孤立于各部门的"数据孤岛"之中。综合上述研究成果来看,主要是制度体系、底层技术以及文化观念三个方面存在的问题妨碍了政府数据的交互共享。在制度层面,存在的不足涉及数据安全与隐私权保护的立法漏洞、责任归属的不清晰,以及数据管理机制的不完备等。在技术领域,主要不足包括数据标准化程度不一、数据分类边界不清,以及信息化基础设施的互通性较差等。在文化层面,主要问题在于数据管理意识在行为主体中的淡薄、利益需求的多样化,以及缺少积极健康的信任文化等。

除了对政务数据共享梗阻因素的关注外,学者们也对数据共享所产生的价值性进行了深入探讨和分析,具体体现在以下几个方面。一是政务数据共享提升政务服务水平和能力。数据共享过程中通过借助于区块链等技术去中心化、分布式记账、透明公开、不可篡改的技术特性和优势,可以有效扩大政务服务范围,同时优化政务服务质量、降低政务服务成本。李军等学者基于政务数据共享赋能智慧政务发展的思路,设计出了一种集数据共享、跨层级适配的社会治理系统框架,这一系统对于满足智能化服务需求和提升政府科学管理水平有积极作用。[79]二是政务数据共享可以推动和强化跨部门协作。政务数据共享系统联通后,数据共享可以在不同部门自由流动,部门"各尽其责、各取所需"大大降低了以往数据获取和处理过程中产生的成本,通过数据流动为同层级之间跨部门协作协同合作奠定了基础,有助于构建整体政府性。三是政务数据共享有利于政府治理理念和模式创新。政务数据共享本身是对政府理念、权力、流程、结构以及方式等的重大系统性创新。因此,推进政务数据共享、开发、利用有助于不断提升政府治理效能。

(二)"模糊—冲突"模型的提出及修正

政策执行的相关研究主要经历了自上而下、自下而上和综合分析三个阶段的演化。在自上而下阶段,学者们聚焦于政策制定,认为只要政策本身科学合理,政策执行便会顺其自然发生。在自下而上阶段,学者们关注对象开始转向政策目标群体和服务提供者,并这种研究分权、网络以及自治对于政策执行效果产生的影响。在综合分析阶段,学者们关注的重心又转到了政策制定者与行动者之间的互动和谈判效果。理查德·马特兰德(Richard Matland)将自上向下与自下向上的两种研究路线进行了综合构建,首次提出了"模糊—冲突"理论模型。马特兰德[81]提出,公共政策主要表现为模糊性和冲突性两个显著特征。模糊性意指政策目标及其执行手段的不明确性;冲突性则涉及政策执行过程中,各利益相关方对政策目标认同的分歧,这种分歧可能会引发执行手段的冲突。马特兰德基于上述两种政策属性构建了"模糊—冲突"政策执行分析模型,并且他把政策执行划分为四种理想类型,分别是"行政性执行""政治性执行""试验性执行"以及"象征性执行"。该模型(参见表1.1)认为,在政策模糊性和冲突性同时较低的状况下,政策执行属于"行政性执行",此时政策成败的核心在于能够获取和运用的资源数量多寡;在政策模糊性较低、冲突性较高的状况下,政策执行属于"政治性执行",此时的关键要素在于运用强制力致使参与者服从;在政策模糊性较高、冲突性较低的状况时,政策执行属于"试验性执行",此时,政策执行结合资源存量与参与者积极性等情境决定;在政策模糊性和冲突性同时较高的状况下,政策执行属于"象征性执行",此时,政策执行的支配要素是参与联盟的力量是否强大。

表1.1 "模糊—冲突"模型

模糊性	冲突性	
	低	高
低	行政性执行	政治性执行
	资源	权力
高	试验性执行	象征性执行
	情境	联盟

"模糊—冲突"模型是综合分析阶段政策执行研究的典型代表,常用于对社会现实热点的分析和解答,具有较强的现象解释能力。"模糊—冲突"模型传入中国后也得到了较快发展,不少学术界人士将其应用于政策执行的探讨

中。如竺乾威[82]通过对"拉闸限电"措施的实例研究,探讨了中国地方政府在实施政策时的行为特点。康红军和袁方成[83]应用该框架对户籍制度政策进行了探讨,以揭示导致地方户籍政策未能实现预期成效的原因。在实际应运过程中,部分学者到关注到"模糊—冲突"模型在定义、动态性以及细节等方面存在明显不足,具体包括以下几个方面。一是"模糊—冲突"模型中,确定模糊程度与冲突程度的高低界线存在困难,这使得对两者程度的大小进行准确评估和对比难以实现,进而减弱了该模型的说服力和应用价值。二是"模糊—冲突"模型本质上是一个非动态的分析框架,这种固定化的分析方式在应对现实政策执行中的动态演变时会显得比较无力。三是"模糊—冲突"模型只规定了政策的属性和主导要素,这种只关注重点和强调共性的方式虽能够解释简单政策的作用机理,但由于细节刻画不足则会对复杂政策的难于进行充分解释。

(三)文献述评

总之,当前学术界对政务数据共享问题已经形成了较为丰富的成果,但随着实践不断发展和演进,原有研究逐渐暴露出一些过时和不足,特别是对新现象的解释力不强,具体体现在以下几个方面。一是大多聚焦于宏观埋论研究,但实证分析较少。现有研究成果主要从府际关系和科层制组织结构等宏观维度展开,但对于实践中存在的新现象和新问题分析较少,使得对于数据共享质量不高、价值无法凸显等关键核心问题解释有限。二是现有研究主要聚焦于科层制等静态的组织结构体系,但对于政务数据共享的动态推进过程关注较少。因此,难以有效回应政务数据共享"从 0 到 1"相对简单,但"从 1 到 100"却难于登天的问题。三是大多数采取案例分析等定性研究方法,而定性或者定量和定性相结合的方法却较少。同时"模糊—冲突"模型本身在量化方法、动态性和应用场域上也需要从政府实践中加以修正和补充。因此,针对目前的研究现状,将"模糊—冲突"模型用于分析我国政务数据共享政策执行有助于弥合当前研究的不足。

二、研究设计：数据来源、研究方法与分析框架

(一)数据来源

为了最大限度地保证数据的系统完整性,本节使用"数据共享""政务信息共享""政务数据""跨省通办"和"一体化服务"等关键词,从北大法宝、地方人民政府网站、地方大数据管理中心等网站上搜集相关法规文本。此外,还利用网络搜索引擎进行辅助查找,共搜集到 86 份政策文本,其中包含 4 份来自国务院的文件以及 31 个省级行政区划单位(不包括港澳台)的地方政府发布的 82 份数据共享政策文本。国务院文件分别是《国务院办公厅关于印发政务信息系统整合共享实施方案的通知》(以下简称《实施方案》)、《国务院关于印发政务信息资源共享管理暂行办法的通知》(以下简称《暂行办法》)、《国务院办公厅关于加快推进政务服务"跨省通办"的指导意见》(以下简称《指导意见》1)、《国务院关于加快推进全国一体化在线政务服务平台建设的指导意见》(以下简称《指导意见》2)。由于《指导意见》1 和《指导意见》2 更侧重政务服务,所以关于数据共享以及数据生命周期各环节的描述较少。为了提升本研究针对性,本节主要选取关于数据共享叙述篇幅较大的文本。经筛选,选取《国务院办公厅关于印发政务信息系统整合共享实施方案的通知》和《国务院关于印发政务信息资源共享管理暂行办法的通知》共计 2 份作为中央政策文本,31 个省级行政区地方政府政策文件 53 份,合计共 55 份作为研究样本(参见表 1.2),并对内容进行编码分析。

表 1.2　央地政府数据共享政策文本(部分)

编号	名称	成文时间
1	《海南省人民政府办公厅关于印发海南省政务信息资源共享管理办法的通知》	2014.12.19
2	《河北省政务信息资源共享管理规定》	2015.11.12

编号	名称	成文时间
3	《广西壮族自治区人民政府办公厅关于印发推进政务数据资源共享开放和业务协同工作方案的通知》	2016.02.03
4	《上海市人民政府关于印发〈上海市政务数据资源共享管理办法〉的通知》	2016.02.29
5	《国务院关于印发政务信息资源共享管理暂行办法的通知》	2016.09.05
……	……	……
52	《山西省政务数据管理与应用办法》	2020.11.27
53	《湖南省政务信息资源共享管理办法》	2020.11.28
54	《湖北省政务数据资源应用与管理办法》	2021.01.25
55	《内蒙古自治区人民政府办公厅关于印发〈内蒙古自治区政务数据资源管理办法〉的通知》	2021.09.11

(二)研究方法

本节将融合政策文本中的内容分析和集合论中的隶属度理论方法,一起联合分析选中的政策文本。内容分析法是一种介于定性与定量研究之间的政策文本分析方法,它能将文献中的文字以及非量化但含重要信息的文本素材转化为量化的数据,同时通过构建具有理论深度的分类体系,对相关信息进行细致拆解,从而分析总结某些信息的重要特征。本节使用的分析软件是 NVivo.11,编码和文本分析后借助 Excel 建立数据表,深入探讨并阐释数据共享质量不足的问题。

(三)分析框架

政策工具有一般分为供给导向、需求导向和环境导向三种,这一分类体系由罗斯维尔(Rothwell)与赛格菲尔德(Zegveld)首次提出,目前在分析政策文本时已被广泛使用。本节基于上述研究成果,建立一个包含政策工具和数据生命周期的二元综合分析框架,其中将 Y 轴设置为政策工具维度,分别是环境型工具、需求型工具和供给型工具;将 X 轴设置为政府数据生命周期维度,分别是创建与采集、组织与描述、归档与保存、发布与更新、获取与利用和评价与考核共 6 个阶段(参见图 1.1)。

图 1.1　数据生命周期—政策工具二维分析框架

三、数据共享政策的政策文本分析

(一)政务数据共享政策的工具维度划分

参照罗斯维尔(Rothwell)和赛格菲尔德(Zegveld)对政策工具的分类同时结合政务数据共享的特征,本节将数据共享供给型工具政策分为基础设施、人才培养引进、配套服务、技术支持和资金经费保障;数据共享需求型工具可以分类为政府采购、服务外包、市场培育、国际合作;数据共享环境型工具可以分类为目标规划、服务管制、政策性策略、税收优惠。无论是中央还是地方政策,从编码结果看(参见表 1.3),其政策工具使用占比大小都是供给型>环境型>需求型。供给型工具使用虽然相比于环境型和需求型占据优势地方,但占比却并未超过 50%,并没有处于绝对主体地位。与中央政府相比,地方政府作为政务数据共享政策的实际执行者,其供给型工具的使用占比更大,而环境型工具使用占比更小,但中央和地方需求型工具使用占比差异不明显。

表 1.3　央地政策工具使用占比

	中央政策	地方政策
供给型	44.03%	49.22%
环境型	43.49%	38.04%
需求型	12.49%	12.75%

(二)数据共享政策工具类型编码分析

在数据共享政策供给工具维度中(参见表 1.4),对于基础设施建设的关注度最高,对于配套服务的关注度则最低,其他三项从高到低依次为资金经费保障、技术支持和人才培养引进。在基础设施建设方面,政府当前以数据共享平台整合为主,但较少关注平台系统的应用。此外还包括清理僵尸系统、统一内外网数据共享平台、加强数据基础设施的运营管理和安全维护和建设容灾备份中心等。在配套服务方面,当前的政策文本描述较少且都比较模糊。虽然对于完善配套符合有相关要求,但并没有明确要具体配套何种制度。在人才培养培训方面,当前各级政府对于政务数据共享的专门人才培育工作重视度较低,人才队伍滞后。现出台的政策文本中大部分政府提要开展短期培训以强化相关人员素质和能力,但仅有 3 份政策文本中对于人才队伍建设和智库支持进行了一定程度强调。在技术支持方面,政务数据共享的重要内容是加强技术支持体系建设。政策文本中对技术机构设置、培训指导以及第三方技术合作等方面进行了描述。在资金和经费投入方面,目前主要还是以资金统筹安排为主,政务数据共享的专项资金扶持较少。大部分政府都将数据共享整合过程中所需的资金纳入政府固定资产投资,通过部门预算实现统筹安排。

表1.4 政务数据共享政策的政策工具类型编码

政策供给维度	维度解释	主要标志语句	编码占比
基础设施	政府出资或依托现有平台建立,与政务数据共享全过程相关各类基础设施建设	数据共享交换平台;统一政务服务平台;一体化大数据中心;政务云;容灾备份中心	30.49%
配套服务	推进政务数据共享所出台的相关配套文件、配套系统和配套制度	配套文件;应急指挥平台视联的配套系统的建设;政务服务支撑系统;配套标准规范与管理制度	0.87%
人才培养培训	针对数据共享实施需要而培养和引进的各类人才	信息化人才队伍建设和专业培训;加强国内外重要智库资源和技术先进第三方的合作	4.36%
技术支持	保障政务数据共享的一系列技术资源手段	技术培训指导;数据共享对接技术;运营中心和第三方机构提供技术支持;技术服务单位	4.70%
资金经费保障	政府为促进数据共享推进而直接提供的各类财政性资金扶持	政府固定资产投资;预算内基本建设资金;迁移费用适当安排;部门财政预算优先安排;部门预算统筹安排	5.75%
政府采购	政府部门使用财政资金,向具备相应条件的企事业单位购买用于数据共享建设的数据产品或服务	信息系统采购;电子政务服务采购管理相关办法;容灾备份中心采购;公共数据采集服务购买	7.32%
市场培育	政府通过产业政策引导数据产业发展,推动数据市场化运营	产业政策引导和数据应用竞赛;公共资源交易平台;数据要素市场;政府数据资源创新产品,技术和服务;市场化运营	6.79%
服务外包	政府可以通过委托和授权等方式,签订有关保密协议后,将政务数据共享业务交由第三方机构运营管理	第三方依法采集和依法授权管理;委托技术服务单位;委托第三方考核;政府数据质量委托第三方	4.88%

续表

政策供给维度	维度解释	主要标志语句	编码占比
海外交流	政府就数据共享业务与国外研发机构合作或将其用于对外贸易合作项目	口岸国际贸易"单一窗口"服务平台	0.35%
目标规划	政务数据共享工作推进的各类宏观规划	本部门政务信息化规划;工程规划;规划依据;"两级三覆盖"模式规划;纳入社会发展规划	14.81%
服务管制	为了对政务数据整合共享全过程进行监管,加强相关规章制度建设和出台有关管理规定	整合共享"立改废";政务数据管理制度建设;全面清理与数据共享不相适应的行政规范性文件和规定;数据审计	10.80%
政策性策略	通过鼓励、惩罚、标准制定等方式对数据共享"目标规划"进行细化	完善政务信息共享标准;数据共享突出贡献给予适当奖励;违反条例限期改正	8.89%
税收优惠	政府对服务于政府数据资源共享的企事业单位提供税收优惠	无	0.00%

在数据共享政策需求工具维度中,对于政府采购与市场培育的关注最多,服务外包其次,而海外交流最少。在政府采购方面,政府重视制定电子政务服务采购管理相关办法和购买政务信息系统、容灾备份中心、公共数据采集服务等数据共享基础设施。在市场培育方面,政府以制定数据市场引导政策为主,也有部分政府推动建立政企合作的数据企业,通过完善市场政策、鼓励数据应用、引导数据交易市场发展有效推动建立了一批公共资源交易平台。在服务外包方面,绝大部分政府对于将政务数据共享业务委托给第三方公司都比较审慎。大多数政府强调政务数据资源获取只能归本部门使用,不得直接或者间接提供给第三方。部分政府允许将数据共享考核和数据安全管理委托第三方运营,同时在政府授权下,第三方也可将政务数据采集以及开发利用进行外包。在海外交流方面,大部分政府都未将政务数据与海外机构进行合作共享,只有海南省提出要建立服务于口岸国际贸易的"单一窗口"平台。

在数据共享环境工具维度上,政府对于目标规划、服务管制和政策性策略方面给予了较大的关注,而对税收优惠描述较少。在目标规划方面,主要包括政务信息系统规划、政务云建设规划、工程规划、共享政务网络资源分配规划等政务数据基础设施规划文本描述,也有政府提出要规划编制数据共享目录。这种现象说明当前政务数据共享仍处于政策规划阶段,大量的政策规划只存在于文本之中还尚待落实。在服务管制方面,相关数据共享制度体系还未建立健全。目前的主要工作是全面清理和废止与政务数据共享不适应的法律法规文件,并制定新的法规制度同时加强数据审计。在政策性策略方面,当前政府对政务数据共享的描述以中性政策和处罚政策为主,正向激励政策较少,政策文本中仅 3 处提到给予奖励和鼓励。

(三)政务数据共享政策的数据生命周期维度的分析

数据生命周期包括创建与采集、组织与描述、归档与保存、发布与更新、获取与利用、评价与考核六大环节。从编码节点数上看(参见表 1.5),在数据生命周期全过程六个环节中,政府对组织与描述关注度最高(38.72%),对归档与保存的关注度最低(4.31%),其余生命周期环节按照编码节点数量从高到低分别是发布与更新(20.23%)、获取与利用(15.26%)、创建与采集(11.44%)、评价与考核(10.03%)。这表示当前政务数据共享仍处于前期实施阶段,主要围绕共享平台整合与政务目录构建展开。

在创建与采集环节中,数据采集占比 91.30%,数据归集占比 8.70%。由此可以看出数据采集的描述占绝对优势地位。数据采集和数据归集最突出的差异体现在数据采集仅对日常数据进行收集,而数据归集则更侧重于在采集的过程中进行归类整理,从而为后续数据目录编制环节减轻负担。相较而言,归集后的数据更有利于进行数据共享。这显示出当前政府对于数据分级、分类整理意识较差。

在组织与描述环节中,政务目录编制占比 53.10%,是其中占比最大的部分;数据整合占比 33.40%,居于第二;数据分类管理与数据定义的占比

13.50%,占比最小。这说明政务数据目录编制是本环节之中数据共享任务的重点,数据平台、资源的整合也是重要因素,但是目前政府对于数据的分类管理意识和能力较为薄弱。其主要原因在于主管部门并未制定数据标准清单,各地数据资源掌握情况不一,对数据进行梳理和科学分类不仅需要时间和物质成本,也需要智力支持。

在归档与保存环节中,数据存储占比82.69%,为占比最大部分;数据归档占17.31%,为占比最小部分。总体来看,本环节的编码参考点数量在数据生命周期各环节的比重最低。对于数据存储,大多都依靠本省政务云或大数据中心进行存储,对于数据归档仅提到使用采电子化归档的模糊方式。

在发布与更新环节中,数据更新占比40.98%、数据开放占比39.75%,两者大致相当,数据发布占比偏小,为19.27%。政务目录实时更新、政务数据分级分类开放,依托政务数据平台及时发布数据是该环节的重点内容。与数据更新和开放相比,数据发布的相关规定较为模糊,散落于各政策主题之中。通常分散在不同的政策主题中。

在获取与利用环节中,数据利用占比72.18%,占比最大;数据获取占比19.02%,居于其次;数据合作与数据标识的最小,两者共占8.8%。政府虽然鼓励对政务数据进行开发利用,但是缺少明确的激励措施。多数政府围绕"互联网+政务服务",对政务数据开发利用进行试点实践重要环节。数据获取主要关注获取流程、获取职责与获取用途。对数据合作的描述最少,说明本轮数据共享工作主要以纵向协同为主。

在评价与考核环节中,数据共享工作是政府关注的重中之重,占比62.81%。但政府对数据质量本身的关注度较低,仅占14.05%,同时数据评价机制和制度也有待确立。

表 1.5　政务数据共享政策的数据生命周期维度的编码

数据生命周期编码	维度解释	主要标志语句	编码占比
创建与采集	政府对日常业务中产生的大量原始数据以电子化的方式收集并上传至服务器	数据采集;政务数据归集;数字化采集	11.44%
组织与描述	对数据类目、元数据元素、数据格式按一定标准进行整合、分类、定义,并编制目录	数据整合;政务目录;数据分类;数据定义	38.72%
归档与保存	对数据按照一定的格式建档保存,并上传到统一的数据共享平台	电子化归档;应急处置情况保存;数据存储	4.31%
发布与更新	数据发布是将数字资源在特定的技术平台公开发布或匿名发布。数据更新是对政策数据进行删减、调试、维护、更新发布的过程	数据发布;数据更新;数据开放	20.23%
获取与利用	用户并根据需求对的数据资源进行检索和下载,结合使用目的从而使得数据产生价值	互联网+政务服务;数据合作;数据提供利用;数据获取	15.26%
评价与考核	用户对数据共享相关过程的使用情况进行满意度评价及校对校核,由相关数据共享部门进行更正,并作为上级考核的依据	数据评价考核;数据校对校核;督查考核;绩效考评;评价督查问责	10.03%

四、政务数据共享政策的模糊性与冲突性分析

(一)政务数据共享政策的模糊性分析

采用 NVivo.11 最终得出结果如下(参见表 1.6)。

表 1.6　央地数据共享政策文本字数占比

数据生命周期	中央政策	地方政策
创建与采集	4.63%	5.83%

续表

数据生命周期	中央政策	地方政策
组织与描述	24.58%	23.62%
归档与保存	0.63%	1.25%
发布与更新	7.93%	8.50%
获取与利用	14.76%	11.03%
评价与考核	6.65%	4.31%
六环节总占比	59.18%	54.54%

(二)政务数据共享政策的冲突性分析

表 1.7　政务数据共享政策的冲突性分析

政策工具类型		政府数据生命周期						
		创建与采集	组织与描述	归档和保存	发布与更新	获取与利用	评价与考核	环节均值
政策工具类型	央	供给型	24.06%	47.25%	0.00%	28.37%	82.37%	26.35%	34.73%
		环境型	75.94%	37.99%	100.00%	47.60%	0.00%	73.65%	55.86%
		需求型	0.00%	14.77%	0.00%	24.04%	17.63%	0.00%	9.41%
	地	供给型	31.92%	61.35%	66.24%	59.26%	45.35%	11.81%	45.99%
		环境型	56.09%	23.94%	6.44%	29.19%	16.87%	58.61%	31.86%
		需求型	11.99%	14.71%	27.32%	11.55%	37.77%	29.58%	22.15%

NVivo.11 的分析结果详见表 1.7。表 1.6 所展示的数据生命周期各阶段中供给型工具、环境型工具和需求型工具使用占比之和为 100%。有学者使用政策文本工具定义政策的模糊性,本节提出亦可以用此工具定义政策的冲突性。政策目标的分歧揭示了思维上的不同,而政策工具的应用差异则体现在实际操作和执行步骤上的不同。相比于政策目标之间的分歧,政策工具的差异在展现冲突方面显得更为明显和具体。本部分旨在探讨数据生命周期各个阶段中中央与地方在政策工具应用上的分歧现象,以此来描述政策执行的冲突性。当中央和地方政府

在运用政策工具时展现出显著不同时,那么便可以认为该政策在执行手段上可能存在冲突。数据共享策略的实施中,冲突性表现为数据共享政策央地之间的协同差异,协同差异越大,政策工具手段运用差异则越大,冲突性也就越大。

总体来看,中央与地方的政策在所采用的工具和手段上呈现出显著不同。中央政府政策在选择工具时,倾向于先采用环境型工具,占比 55.86%;其次是供给型工具,占比 34.73%;最后是需求型工具,占比 9.41%。而地方政府政策在工具使用上的选择,优先考虑的是供给型工具,占比 45.99%;其次是环境型工具,占比 31.86%;最后是需求型工具,占比 22.15%。工具选择偏好的根源在于,中央政府制定政策偏爱环境型工具,地方政府更多运用供给型的工具。

(三)模糊性与冲突性的隶属度校准

为了更准确地区分数据生命周期各阶段的模糊性和冲突性程度大小,可以使用隶属度校准方法进行验证,把政策生命周期各阶段的文字比重转换成 0 到 1 的数值。本节决定采用 0.95、0.50 和 0.05 作为完全隶属点、交叉点和完全不隶属点的阈值。

模糊性的校准考虑到字数占比大小与模糊性高低呈反向关系,字数占比越大,说明对该环节的政策制定就越详细,则可以认为该环节的政策越清晰;反之,字数占比越小,说明对该环节的政策制定越简略,则可以认为该环节的政策越模糊。因此设置 0.95 作为高模糊点阈值,即字数占比较小的值;0.05 作为低模糊点阈值,即字数占比较大的值。冲突性的校准则考虑到央地对供给型、需求型、环境型政策工具的使用差异。数值越大表示央地对该政策工具类型的使用差异越大,其冲突性就越强。因此设置 0.95 作为高冲突点阈值,即央地政策工具使用差异较大的值;0.05 作为低冲突点阈值,即央地政策工具使用差异较小的值经过分析表 1.6 与表 1.7 中各部分的字数分布,并根据设定的阈值,借助 fsQCA 工具对数据进行自动校准,最终得到如表 1.8 所示的结论。

表1.8　模糊性与冲突性的隶属度分数

数据生命周期	模糊性(央)	模糊性(地)	供给型	环境型	需求型	冲突性均值
创建与采集	0.78	0.67	0.06	0.53	0.18	0.26
组织与描述	0.04	0.05	0.27	0.27	0.01	0.18
归档与保存	0.96	0.95	0.94	0.99	0.63	0.85
发布与更新	0.47	0.45	0.68	0.51	0.2	0.46
获取与利用	0.21	0.33	0.75	0.45	0.54	0.58
评价与考核	0.58	0.80	0.30	0.33	0.66	0.43
总体平均值	0.51	0.54	0.50	0.51	0.37	0.46

（四）数据共享政策质量的动态分析

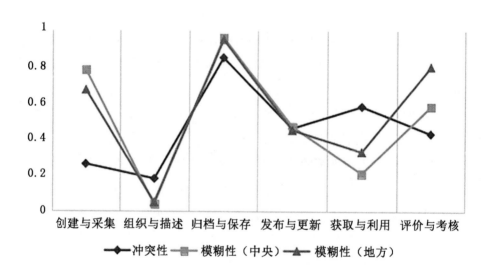

图1.2　模糊性与冲突性的动态变化图

　　数据的演变过程中,涉及六个主要阶段:创建与采集、归档与保存、评价与考核环节的模糊性相对较高,组织与描述、获取与利用环节的模糊性相对较低（参见图1.2）。而组织与描述、获取与利用阶段的明确度则较高(详见图1.2)。而随着生命周期阶段变化,模糊性的变化开始剧烈,表现为先降低、后提高、又降低、再提高的反复过程。政策层面,无论是中央还是地方,在模糊性的波动趋势上大致保持一致,只是在各生命周期的模糊性程度方面呈现出细微的差异。政策的一致性在不同的生命周期阶段通常表现为先减少、然后增加、最后再次减少的趋势,尤其在归档和保存阶段,政策冲突性最为显著,而在组织与描述阶段,政策冲突性则相对较低。根据表1.8的数据,我们可以观察到,冲突性的平均值为0.46;中央政策的不确定性为0.51;地方政策的不确定性则略高,为0.54。这表明数据共享政策在不确定性方面较高,而在冲突方面较低,这一现象总体上与政策试验性执行的特点相符。政策工具主要依靠以供应和环境为重点的手段,与此同时,基于需求的政策手段运用则不那么频繁。

在创建与采集环节中,中央政策的模糊性为0.78,地方政策的模糊性为0.67,冲突性均值为0.26,数据共享政策表现为"高模糊、低冲突"的特点,趋近于试验性执行。在数据共享的政策方面,其特征是"含糊度较高、冲突度较低",这表明其实施倾向于试探性。根源性问题源于政策初期,中央与地方政府对数据搜集的洞察与领会尚未达到深层次,加之缺乏核心信息的辅助,致使多数地方政府仅照搬中央的指令以应用政策工具,这样的做法精确性较高。在这个时期,政府数据共享的质量问题主要表现在信息分类搜集得不清晰、反复多次搜集数据、数字化的搜集程度较低等层面。此现象的产生源于在数据采集环节中一些重要变量的不确定性。首先,存在的问题之一是信息搜集的分类标准不够清晰。根据相关政策和法规,对于公共信息的搜集应当划分为三种不同的共享方式:完全开放共享、限制性共享以及完全不共享。现行法律未能明确区分有条件与无条件共享数据的明确界限,导致在缺乏统一标准的环境下,责任归属出现争执,并引发了数据收集质量的不一致问题。二是忽略了数据标注的关键性,从而使数据重复搜集的难题依旧显著。三是数据数字化搜集的比例偏低。在本节所探讨的政策文件中,仅有五份文件明确表示将利用数字化手段进行信息的收集。

在组织与描述环节中,中央政策的模糊性为0.04,地方政策的模糊性为0.05,冲突性均值为0.18,政务数据共享政策表现为"低模糊、低冲突"的特点,接近于行政性执行。观察政务信息共享的政策实施,其特征是"模糊度低和冲突度低",这一特征更偏向于行政执行的范畴。此阶段的政策不明确性和对立性在整个数据生命周期阶段中相对较少。在这个阶段,政府显著地展现了对制定政务数据目录的高度重视,并分配了众多资源。首先,考虑到在行政部门的日常活动中积累了大量的业务信息,要将这些纷繁复杂且无序的原始资料整理成有序的政务信息索引,需要有清晰且详尽的规定作为引导。因此,针对制定政务数据清单的相关政策文件,其阐述最为详尽,在数据生命周期的各个阶段中,这一环节的不明确性最小。其次,在构建政务数据资源清单的流程中,采用的手段几乎雷同,这使得中央和地方政府在挑选政策工具时并未展现出明显的不同。整理政府数据资源的关键在于分析政府部门所持有的数据资源,对不同机构和部门所掌握的数据进行详尽地审核与核实,然后进行分类和注释,再根据数据整理结果创建完整的数据资源目录索引,以便为未来的数据使用提供借鉴。

首先,存在的问题是数据整合机制的不完善。广泛的数据互通政策波及面广,涵盖了多个部门以及政府与企业的互动、商议和协作,这就需要耗费大量的时间和人力来建立一个有效的数据流转协调体系。然而,目前许多地方政府在这一领域仍处于探索时期。二是我国政府机构尚未明文规定数据所有权的相关条款。在此以前,地方政府一般恪守"谁主管谁负责"的规则。尽管如此,随着像大数据管理局这样的专门数据管理组织问世,现在主导数据共享事务及维护数据产权的任务主要由这些新近成立的组织承担。不过,如此行事或导致在数据管理实体与数据原始持有者之间产生有关数据支配权的纠纷,数据供应方可能因此对数据互通持有不支持立场,这会负面作用于数据提供的品质。三是关键基础设施上集中了政务数据,这虽然在提升工作效率的同时,对安全性能提出了更高的要求。在顾及信息安全与隐私保护的背景下,若干组织或许不愿意将关键信息存放于远程、大型数据仓库中,这一做法可能会导致某些不安的情绪。

在归档与保存环节中,模糊性和冲突性升高,中央政策的模糊性为 0.96,

地方政策的模糊性为 0.95,冲突性均值为 0.85。在此环节中数据共享政策"高模糊、高冲突"的表现符合象征性执行的条件特征。

在发布与更新环节中,政策的模糊性和冲突性都同时降低,中央政策的模糊性为 0.47,地方政策的模糊性为 0.45,冲突性均值为 0.46。这一环节政策模糊性和冲突性均有所降低且保持在适中水平,并不符合政策执行的典型类型。政务数据共享的质量可能会因数据公布和更新的延迟、不一致而产生不良影响。

在获取与利用环节中,中央政策的模糊性为 0.21,地方政策的模糊性为 0.33,冲突性均值为 0.58,这一环节政策模糊性继续降低,冲突性则有所上升。数据共享政策表现为"低模糊、高冲突"特征,趋近于政治性执行。

在评价与考核环节中,中央政策的模糊性为 0.58,地方政策的模糊性为 0.80,冲突性均值为 0.43,这一环节政策的模糊性上升,冲突性有所下降。政务数据共享政策表现为"高模糊、低冲突"特征,趋近于试验性执行。

五、结论

本部分采纳了马特兰德提出的"模糊—冲突"理论,构建了一个涉及政策工具及数据生命周期的二元分析结构。起初,本研究精心实施了政务数据共享政策文档的精确解析;接着,构建了用于评估政策模糊性和冲突性的量化标准;最终,深入分析了我国政务信息资源共享在数据生命周期不同阶段的数量有余而质量不足的问题,并总结了产生这类问题的原因。研究成果可大致归纳为几个要旨。

首先,政府数据互通的政策实施显示出显著的流动性特征。"模糊—冲突"理论提出,政策实施环境的不同将引致试验成果的多样化,而这一环境的构成受到地方资源配置与政策制定者参与程度的共同影响。这一理论未充分意识到,情境因素本身是动态变化的,这一情况会影响政策执行的连续性,地方政府无法保证平稳输出执行力,从而干扰了政务数据共享的品质和质量。

其次,政务数据汇聚的政策目标存在不同的认识,以及当前的发展阶段,这两个因素都会对政务数据的品质产生作用。评估政策执行成效,根据清晰的政策目标进行。在明晰的宗旨指引下,达成政策成效的根本在于执着于预设的目标。要在目标含糊不清的环境里达成政策成效,必须借助于价值观念和社会准则的影响力。政策关于政务数据互通在总体上显得较为含糊,并且冲突较少,处于一种试验性的实施阶段。政策的不确定性主要在制定与搜集、档案管理与储存、评估与监察阶段显著;而在档案管理与储存阶段,政策的对立性尤为明显。此种状况映射出,在对政务数据互通执行宗旨的认知上,各方还未形成统一看法,导致进程迟缓。大部分区域目前正处在政府数据互通策略执行的初级阶段,数据的运用试点还未达到规模化的效果,使得推进数据互用的积极性下降,这一问题同样对政府数据互通的品质产生了不利影响。

三是目前政府数据互通在数量上虽有所进展,但质量尚待提升,这一现象主要与政策执行各个阶段中存在的"模糊—冲突"问题差异显著相关,同时也与不同区域在实施政策过程中呈现的不平衡发展状态有关。第一,政策实施易受"模糊—冲突"波动的影响,从而在执行阶段难以维持稳定性和统一性。研究表明,在各个生命周期阶段,政府数据共享策略的不明确性和矛盾性均会出现明显的波动。在政策落实所处的动荡不定的环境中,政策的执行过程变得尤为复杂。这种易变性让政策执行途中所需的支持难以保持恒定,进而使得各个执行单元必须持续修正观念,以保障各个部分顺利过渡并有效联结。第二,政府数据互通的成效与"模糊—冲突"特性呈现反向关系。在信息周期的各个阶段中,倘若"模糊—冲突"的属性数值偏高,那么政府机构在数据品质方面遭遇的困难将会更加严重;相对地,若"模糊—冲突"的属性数值较低,数据品质所面对的挑战就会显得较为轻微。第三,不同层级的政府对于生命周期的各个阶段及其环节的处理方式不尽相同,这使得政策执行的深入程度和覆盖范围存在差异,进而对绩效评估以及不同地区间数据的互联互通带来了负面影响。

经过以上探讨,我们得以从政策制定与执行两个角度审视,并考虑对政府数据政策进行修改,以持续改进政府数据的共享效率。实施细化的规章制度等策略,能对中央层面在政策阐释上的不明确或关注度不够进行弥补,从而清晰界定如"归档与保存"等流程的政策导向。识别造成执行力度差别的根本原因至关重要,这可能是资源的不均衡或者对政策的多元解读所引起的。终局阶段,构建一个用于评定数据互通成效的评估机制,利用精确且可信赖的评测手段,实现对各地政策推行成果的动态修正。同时,对那些政策连续执行不力的省份和城市的责任领导启动谈话机制。另外,通过设立专门针对政府数据共享的高级研修课程等措施,可以增强主要负责官员对政策目标的理解力。本节研究结果大致可分为如下几个主要发现。

首先,行政信息共享措施的实施展现出显著的流动性特点。"模糊—冲突"理论提出,各种实施场景会对试验结果产生各异的作用,而这些场景因素受制于区域资源配置的多少以及政策参与者的介入水平。然而,该理论并未充分意识到,场景因素同样是动态变化的。在本章节中,经过探讨,我们得出结论:政府数据共享的政策在实施过程中,除了在发布和更新环节缺乏显著特点外,其执行还依次经过了尝试性、科层式、形式化、党派性和再次尝试性的不同阶段。政策落实的多样性导致资源与要素的差异,这使得执行流程缺乏一致性与持久性,进而对政务信息共享的效果产生了不利影响。

二是政府数据互通的政策宗旨理解分歧和目前发展阶段会影响政府数据的品质。政策执行成效的评价应基于明确的政策目标,这是"模糊—冲突"模型的观点。如果政策目标明确,那么为了使政策生效,关键在于坚持这些目标。相反,如果政策目标含糊不清,要使政策生效,就需要借助价值观和社会规范的力量。政策关于政务数据互通在总体上显得较为含糊,并且冲突较少,处于一种试验性的实施阶段。政策的不确定性主要在创建与采集、归档与保存、评价与考核环节中显现;而在档案管理与保存阶段,政策的对立性尤为显著。这种状况反映出在数据互通的实施方面,对目标认知尚未建立一致且明确的共识,进而使得进展变得缓慢。现阶段,多数区域在实施政府数据互享措施方面尚处于初始阶段,数据使用的试点项目未能达到规模化的成效,导致推进数据互通的积极性不高,这一现状同样影响着政府数据互享的品质。

三是目前政府数据交换存在数量虽多但质量不足的问题,这主要与政策执行各个环节中存在的"模糊—冲突"的差异密切相关,同时也与不同地区之间在政策落实上的速度不一有关。首先,由于政策易受"模糊—冲突"波动的显著作用,其执行的持续性和一致性往往难以得到确保。研究表明,在不同的政策周期阶段,政府数据共享的方针均呈现出一定程度的不明确性与矛盾性。在政策落实的过程中,面对的是一个充满波动并且不稳定执行环境,这大大增加了执行的复杂性。如此环境下,关键资源的不稳定性使得政策实施过程中必须不断重新评估和适应,从而确保各个执行阶段能够平稳过渡并紧密相连。其次,政府数据互用的成效与"模糊—冲突"性呈现反向关系。在数据生命周期的某些阶段,若存在较高的"模糊—冲突"特性,则政府数据的品质问题相对更为常见;相对地,在"模糊—冲突"特性较低的阶段,这些问题则显得较为稀少。第三,各级政府间在对待生命周期的各个阶段和环节上存在差异,导致政策落实的深入程度有所区别,这从总体上对绩效考核及跨区域数据互通造成了不利影响。

经过以上探讨,我们可以从政策制定与实施的两个不同层面着手,考虑采取调整方案,进而持续优化政务数据互换的品质。首先,我们可以通过颁布具体执行细则等策略,对中央层面政策表述不明确或关注度不够的问题进行加固,以此来明确政策执行过程中如创建与采集、归档与保存等关键环节的目标。其次,考察不同地区在实施政务数据互联互通策略后的成效,洞察地方政府对政策共识的领会水平,调研过程中辨识政策执行分歧的根源,是源于各方的资源条件差异还是对政策的不同解读。最终之举,形成一套考核政府数据互通效果的机制,借助精密可靠的考核体系,对地方政策落实成效进行实时调整,对那些政策执行连续不力的省市领导实行面对面沟通。此外,可通过开设专门的政府数据共享高级研修课程,一致化并加深主要行政官员对政策目标的理解。

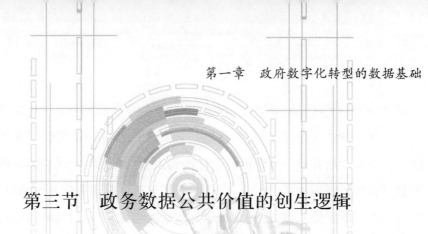

第三节　政务数据公共价值的创生逻辑

　　近年来,伴随着数字经济发展的蓬勃朝气,各级各地政府数字化转型迅猛推进。"数字化"成为应对新时代经济社会诸多挑战的重要手段。其中,数据无疑是整个数字社会大厦的"基座"。虽然探索数据在产权归属、流通交易、开发使用、安全治理等方面的规律具有非同小可的价值,但是数据发挥价值最终还是离不开应用,即数据在不同应用场景中彰显出改变生产、生活的价值。所以,充分认识数据资源开发与利用的规律是数字化转型的关键。政府所掌握的政务数据占据了社会数据总和的绝大部分,其中大量具有高价值的政府数据仍处于"沉睡"状态。其中原因恐怕不仅仅是数据产权和交易等规律不明所致,更有可能是尚未廓清政务数据资源转化的机制和道路。政务数据包含哪些价值? 如何充分创造和释放政务数据的价值? 政务数据开发的主要程序和规律有哪些? 仍有不少问题亟待理论界予以回应。

　　政务数据可以产生政治、经济、文化等多维价值,但是限于数据权属特点和价值产生的根本目标,政务数据所产生的主体价值还是公共价值。公共价值的研究最早始于美国学者穆尔(Moore)提出的公共价值创造战略三角模型,后经众多学者发展成理论体系和学术流派。其主张通过研究公民集体偏好、公民对政府期望、公民政治表达以及权力共识等塑造政府战略和行为,倡导以新公共服务模型取代以效率为核心的新公共管理和传统的官僚行政模式。尽管公共价值的研究仍旧受到质疑和批评,但是在实务界的不断认同与使用下,在理论界不断的运用和拓展的解释中,证明了其具有相当的科学价值与理论价值。尤其是随着数字时代来临,国内外学者高度关注数字政府建设创造公共价值的议题,认为这一议题给公共价值管理理论提供了新的拓展空间。更有不少研究以公共价值理论作为切入点,探讨绩效评估框架、影响因素和数字合作机制等问题。但是,现存的数字政府建设创造公共价值研究,无论是公民参与的价值共创,还是政府提升敏捷治理能力,都因为缺少结合具体情景和问题的分析,显得空泛和可借鉴性不足。另外,还有研究从政府数据开放的角度,分析开放的政务数据可以通过创新、参与等机制进行经济创新。政府数据开放价值的研究叙事,把价值创造主客体进行了分离,单纯从经济要素角度的探讨脱离了中国政治体制和数字化应用的实际场景。既往研究缺少对中国场景中政务数据开发机制的微观描摹,没有把公共价值产生的过程进行"视窗化"的剖析,导致研究成果模糊和解释性乏力。

理论价值与现实研究的间隙形成了本研究关注的核心问题与关切:在我国政治体制下的实际应用场景中,政务数据价值转化为解决"棘手问题"手段的过程中,公共价值形成的基础和创造机制是什么?政府组织在其中扮演的角色是什么?笔者将基于 2019 年至今 B 市"互联网+监管"多级联动试点中的监管数字化转型场景,尝试通过对四个案例的探索性研究给出答案。此多案例研究除了能够弥补既有研究对于政务数据价值形成主客体脱节以及形成过程模糊的不足,还可以为公共价值创造研究在数字化转型场景中提供新的表述,为各级政府数字化建设和数据资源开发提供行动参考。

本研究的案例选择注意了典型性要求。案例所在的 B 市监管数字化转型工作走在全国前列。2019 年,B 市被国家选为"互联网+监管"试点示范区;2021 年,B 市再次被国家确定为全国唯一的"互联网+监管"系统多级联动应用试点城市。选择正在进行中的案例,能够更加清晰、准确地把握数字资源开发的过程信息,符合本研究的目标。案例资料收集来自三个方面:第一,实地调研和观察。笔者多次参与"互联网+监管"工作组协调会、汇报会,并实地参与考察了基层执法人员使用监管模型进行执法的情况。实地考察帮助笔者了解相关人员的思考方式。第二,二手资料。B 市"互联网+监管"牵头单位向笔者提供了大量汇报材料、案例资料,共计十余万字,为笔者提供了充足的文本资料。第三,访谈。笔者对 B 市负责以及参与"互联网+监管"的工作人员进行了半结构化的访谈。不同形式和来源的资料相互印证,增强了数据的可信度,并使得对案例过程的描述变得立体和形象。

一、案例素描:四个"互联网+监管"算法模型

(一)案例 1:危化品运输综合监管

危险化学物品(以下简称"危化品"),是指具有易燃、易爆、毒性强、腐蚀性强、放射性强等特性的物品。2021 年,B 市交通运输委依托国办"互联网+监管"的试点工作,连同应急管理局、公安局等其他若干部门,共同开发和建设了"危化品风险预警模型",以应对较为棘手的危险化学物品在公路运输、装卸和存储中的监管难题。由于生产和使用危化品的企业越来越多,运输过程中引发燃烧、爆炸、中毒等风险逐渐累加,一旦发生事故会引发严重的社会危害。目前,监管危化品运输车辆存在"效率低、发现难、追踪难、抓捕难"等痛点问题。具体表现为危化品运输车辆数量庞大,监管人力有限,仅靠设卡、蹲点等方式效率和准确率低下;危化品运输车辆跨省、跨区域较多,据统计途径 B 市的危化品车辆 70%为外省市车牌,此类车辆由于监管权限和信息不共享而难以监管;危化品运输车辆行驶轨迹难以获取,尤其是经常停靠的异常点位信息获取困难,增加了执法人员监管的难度。B 市相关主管部门希望借助大数据、算法等技术手段提高动态监管能力,尤其是在全时段掌握危化品车辆的全轨迹,并且能够事前提示风险,可以进一步优化监管资源配置。

"危化品运输综合监管模型"建成后可以实现四个基本功能:危化品运输车辆进入 B 市的预警监控;危化品运输车辆在 B 市一定时段内的运行轨迹监控;危化品运输车辆在 B 市的惯常路线监控;危化品运输车辆在 B 市疑似装卸货地点监控。"危化品风险预警模型"的价值首先体现在提升监管效率和

效益方面。传统监管准确度差且往往倾向于发现问题的事后监管,而"危化品风险预警模型"通过数据融合和数据规律的挖掘,可以及时掌握危化品车辆进入时机、行驶轨迹、司机车辆信息,对进入区域的车辆提前预警,对车辆惯常出现的轨迹提前布控,最终实现全区域、全流程、全时段的管控。其次,"危化品风险预警模型"的价值是加强了相关部门、纵向层级间的协同合作。危化品车辆监管之所以棘手,本质上是监管无法跨越区域,便捷地统合其他部门信息,并建立高效的机制和流程。创建"危化品风险预警模型",联通了区域和部门间的数据,实现了"跨省监管"和"一网统管"的初步探索。

(二)案例2:化妆品网络销售监管

当前,互联网成为化妆品销售的主渠道,但是网络销售的化妆品存在大量未按规定注册或者备案的产品,另有不少化妆品存在虚假宣传,暗示消费者具有医疗作用,且非法添加可能危害人体健康的物质。2021年10月,国家药监局发文要求各省市开展"线上净网线下清源"专项行动,对网络销售违法化妆品行为予以严厉打击。该专项行动重点清理整治三类化妆品,即未经注册或者未备案、标签违法宣称以及存在质量安全风险的化妆品。B市药监局借助"互联网+监管"试点的契机,联合相关部门建设"化妆品网络销售预警模型",以加强对网络销售化妆品的监管,完成国家部署的专项整治行动。建设此模型要解决的问题主要是三方面:摸清B市网上销售化妆品的企业情况,网络销售平台众多,尤其是小微企业众多,如何从互联网中准确获取相关企业信息是第一个难题;网络销售化妆品种类多、数量大,宣传内容多且时常变换,如何发现并甄别其宣传内容违规是第二个难题;确定网络销售化妆品的违法添加成分,需要线上线索研判与线下抽检相结合,线上数据分析如何挖掘出有效线索是第三个难题。

B市建设的"化妆品网络销售监管"模型体现了效率效益价值和民生价值。首先,为执法提供精准的线索,互联网销售商品浩如烟海,无法依靠传统方法准确定位产品并研判其违法违规事实。大数据和算法配合可以为执法人提供准确的线索,按照平台、产品类别、风险信息类别、所属区划进行查询与展示,具体区局执法部门可关注本辖区内的重点对象的疑似违规线索,便于快速、精准执法。其次,探索了数字化线上监管与线下执法的配合方式。监管数字化转型后,不可能完全脱离线下执法,线上查证、线下核实是一种高效率的配合机制。最后,化妆品涉及人体健康,尤其是加强对具有医学功能的化妆品进行监管,对保障人民生命健康有重要意义。

(三)案例3:农民工欠薪预警

拖欠农民工工资成为社会久治不愈的"老大难"问题。从2003年温家宝同志在三峡库区农民家,到2017年李克强同志在云南鲁甸农民家,"总理讨薪"与到了岁暮年关时常爆出的农民工讨薪难的新闻,都说明农民工欠薪的问题并没有得到根治。农民工欠薪事关政府和社会对待弱势群体的态度,关乎社会公平正义和最底层人民的切身利益。近年来,国务院陆续出台《国务院办公厅关于全面治理拖欠农民工工资问题的意见》《保障农民工工资支付工作考核办法》等文件,治理农民工欠薪的政策法规体系日趋完善。除了加强事后的政策和法律手段,还需要从源头加强预防和预警。建筑工程等领域是农民工聚集的行业,监督管理好建筑工程企业,可以有效防范拖欠农民工工资的问题发生。传统上治理农民工欠薪存在诸多难题:政府监管存在滞后性,往往是欠薪事件发生后,通过农民工举报甚至是上访、群体性事件才介入管理,社会影响大且追回拖欠需要时间,干扰了农民工返乡等日常生活;农民工法律意识淡薄,不少人没有签订劳务合同,发生劳动纠纷时缺少法律依据和证据支持,监管部门需要获得农民工劳动以及薪水发放等全面信息;建筑工程行业总包、分包关系复杂,监管部门难于精准确认责任企业。

2021年,B市探索和建设高危建筑工程企业风险预警模型,强化对农民工欠薪问题的预警能力,实现在源头及时、准确发现问题,防患于未然。建成之后的模型具备工程企业动态监控、疑似风险企业预警以及疑似风险工程预警三个功能。动态监控工程企业主要是可以把握工程企业作为建设方和施工方,正在本市以及外省市承接工程情况,具体包括工程地址、涉及点位、监理单位和负责人信息。疑似风险企业预警是根据风险指标信息对潜在出现资金风险、法律风险的企业提出警示。疑似风险工程预警功能可以从风险企业中进一步了解其承揽的异常项目情况。总的来看,该模型体现了三个方面的公共价值。第一,实现了对建筑行业的精准监管和预判。该模型不仅改善了农民工欠薪只能事后治理的局面,而且实现了对建筑工程企业及在建工程全时段、全信息量的动态监管,精准识别责任企业,落实了建筑工程行业的总包责任制。第二,回应了人民群众关心的民生热点问题。从源头治理农民工欠薪顽疾,让欠薪隐患被尽早清除,尽可能让可能产生资金风险的企业不发生欠薪行为。第三,建立了新的工作协同机制和协同流程,加强了政府部门之间的合作。建设该模型牵涉部门跨度较大,让日常接触不多的部门建立了良好的沟通、互信机制。

(四)案例4:冷链食品追溯平台

2020年下半年,全国多地相继查处多起冷链从业者感染病毒的案例,冷链食品外包装也被检查出病毒。冷链是指产品在加工、存储、运输、销售等环节中提供特定低温环境,可以保障产品食用新鲜、生物安全和药品安全的特殊供应链系统。冷链运输由于运输过程中均处于低温环境,提供给了病毒以适宜的生存环境。另外,进口冷链食品采取的是科学抽检的方式,由于进口食品类别和数量众多,难以覆盖全部,导致存在病毒扩散的潜在风险。面对风险,国务院要求各省市加强冷链食品监管和检测溯源工作,并出台若干举措。B市作为重要港口城市,迅速被国家市场监督管理总局纳入6个"冷链食品追溯平台"的试点省市。B市为了建立"从口岸到餐桌"全链条的冷链食品追溯平台,要迅速解决多个难题。进口冷链食品监管涉及的环节众多,从口岸入境到进入消费者手中需要经历入境、仓储、运输(跨省市)、销售,需要协调海关、交通运输、市场监管、港口等众多的国家、地区不同层级和不同部门,并且尽快打通数据壁垒、建立标准统一的数据链接。防控不仅要关注物的流动轨迹,还要关注其间人的情况,"人、物同防"的要求不仅需要卫健、网信等部门接入健康码系统,同时运输车辆轨迹的查询、跟踪、预警等要密切配合形成闭环。

该系统建成后实现了从口岸到终端零售市场的全程追溯。对存在风险隐患、登记信息不完整的食品,系统将自动提醒进口商和监管者。运输过程接入交通运输委和公安局的冷链运输监管,可以做到车辆轨迹追踪,对车辆进出 B 市以及偏航、离线和超时等行为进行监控和研判。消费者可以通过扫描二维码查看进口食品国别口岸、消杀证明等溯源信息。零售商一旦发现隐患亦可进行全程追溯。系统溯源能力强,涉疫食品单链反向溯源查询不超过两分钟,其中市场主体名称、产品名称、批号、进口商、检疫单号等任意条件均可实现精准快捷。同时,市场监管部门还制定了"五不准"的政策要求规范全链条的监管,即没有货物消毒证明的、不能提供检验检疫合格证明或销售凭证的、没有该批次食品核酸检测阴性报告的、没有追溯数据的不准上市销售,相关从业人员无 7 日内核酸检测阴性报告的不准上岗。2020 年 11 月至 2021 年 8 月,B市累计处置本地冷链食品检出阳性事件 43 起,第一时间启动平台追溯引擎,迅速锁定涉事商品上下游经销商和基本流向,累计精准溯源排查涉疫食品约1856 吨。冷链食品追溯平台的迅速建设,及时回应了防控隐患,一方面体现了"人民至上、生命至上"的价值理念,另一方面体现了精准高效的效率价值。

二、数据与组织:公共价值创生的两种路径

(一)数据价值主导的创生过程

1.案例 1:跨区域、跨部门的数据融合

"危化品运输综合监管"模型的建立,是基层执法部门需求牵引下的跨区域、跨部门数据融合的结果。B 市作为重要的港口城市,日常货物吞吐量较大,其中大部分货物包括危化品都要运往内陆省份。面对众多监管对象,依靠人工经验设卡排查的方式效率过低,基层执法部门需要提高监管的预判能力

和识别风险能力。B市由网信办和交通运输委牵头,联合国务院电子政务办、交通运输部,以及B市公安局科信总队、公安局交警支队、公安局科设支队、应急管理局等部门,组建了工作小组。首先,小组针对业务场景中实际需求进行了多轮次调研,为建设模型提供了四个需求:准确识别非法营运危化品车辆的能力;捕获车辆轨迹信息的能力;分析车辆惯常行进路线的能力;掌握运输车辆驻停行为的能力。然后,汇聚各部门数据,进行数据联通,统一数据格式,清洗数据。该模型数据来源多,包括B市交通运输委已审批的危化品车辆基本信息数据和GPS轨迹数据、国家交通运输部掌握的外省市车辆运政数据(运输证号、行业类别、车辆类别)、公安局掌握的电子警察摄录和进入交通卡口通关数据以及司机个人信息、应急管理局提供的重点危化品生产企业信息。

模型不断利用数据与交通运输监管执法业务逻辑进行整合,训练算法和模型的准确性。最终建成的模型运行逻辑是分为四步。第一步,根据公安局电警和卡口的影像识别数据,锁定"疑似危化品车辆"的车牌和颜色;第二步,与底库中B市交委和国办车辆道路运输的运政信息进行核对匹配;第三步,模型计算并输出黑白名单和车辆轨迹信息。黑名单即疑似非法运输危化品企业黑名单、非法运输危化品车辆黑名单和非法驾驶危化品车辆司机黑名单。白名单同步到"交警总队感知数据融合应用平台",帮助B市全量危化品运输车辆信息库信息迭代更新。第四步,模型向基层执法人员的手机终端,提供进入B市重点车辆预警名单、重点路线和习惯性装卸货地点等信息,辅助现场执法人员设置布控点位等精准执法活动。该模型将监管介入干预的阶段大大提前,之所以能由过去的事后监管到事先的预测,离不开从大数据中挖掘监管对象的行动规律。数据的全面性和可靠性保障了挖掘和分析的准确性。实际上,该模型面对危化品运输监管的难点是判断外省车辆以及把握车辆的流动性。中央层面提供的外省车辆信息会同B市公安局等部门的全量数据,已经将危化品车辆进入B市的各种行动全部囊括。纵向层级和横向部门的广泛协同,保证了政务数据足以覆盖需求。

2. 案例2:互联网数据与政务数据融合

"化妆品网络销售监管预警模型"的公共价值体现在,从海量的互联网信息中发现问题线索,再经由线下执法确证核实,落实违规产品的违法事实。其搜索数据、挖掘价值和发现线索的能力是构成效率性公共价值的主要来源。如何从互联网数据中提取有价值的线索信息是构建该模型的关键所在。面对此棘手问题,B市由市药监局、市场监管委牵头,会同市委网信办、公安局,组成联合工作组。首先,汇聚的数据主要来自互联网公开数据和政务数据。市委网信办负责汇聚相关企业和产品在互联网上的公开数据,包括化妆品商铺、工商、产品、链接地址等信息。其目的是获取主要网络电商平台在B市经营化妆品信息及企业名单,作为信息全集和查询库。国家药监局提供了已经登记、备案的化妆品品类信息,B市市场监管委提供了在B市合法经营化妆品、具备相应资质的企业名单,此二者共同组合而成产品和企业的白名单。B市药监局联合市公安局提供了,曾经被查处过的违规化妆品、假冒伪劣化妆品、违法犯罪企业等数据,作为企业和产品的黑名单。

然后,互联网数据和政务数据比对计算,为监管预警模型提供三种搜索和挖掘能力。经过与国家药监局提供的合法产品登记和备案数据对比,市委网信办从全部的互联网信息中搜集出B市未经注册或备案化妆品数据。根据国家药监局给出的化妆品宣传禁用、慎用词表,比如"祛痘""药妆""瘦脸""干细胞"等,B市市委网信办从互联网数据中搜索和比对出在B市经营产品存在非法宣传的线索。经过与近两年化妆品抽检通告以及假冒伪劣化妆品通告对比,B市市委网信办从互联网数据中发现存在质量安全风险的化妆品。上述三种存在违法违规嫌疑线索,均被推送给执法人员的B市监管App终端上,供其进一步研判和线下核实。

(二)组织价值主导的创生过程

1. 案例3:民生导向下的组织流程再造

2021年,国务院办公厅电子政务办明确要求B市,借助"互联网+监管"多级联动试点建设在B市进行的契机,建设"农民工欠薪预警模型"。B市及时响应国办要求,由市委网信办牵头,与人力资源与社会保障局调研协商后,确定了人社局、住房和城乡建设委员会、市场监管委、银监会、税务局、政务热线为共建部门。首先,联通各部门数据。模型收集了政务热线的企业投诉数据,住建委提供的从业资质许可、市场经营情况、信用和纳税等建筑工程企业信息和在建工程项目信息等信息,裁判文书网上获取的涉司法诉讼、劳动仲裁等相关负面公开信息,税务局提供的欠税信息,市场监管委提供的行政处罚等监管异常行为数据,人社局提供了农民工个人信息、农民工考勤信息,银监会和银行提供了企业账户流水、农民工工资发放流水信息。

B市网信办在联通了"企业—工程—农民工"三方数据之后,尝试建立高危建筑工程企业风险预警指标评价体系,用来研判分析监管对象的基本风险状态。指标体系包含基本信息、监管行为、司法诉讼、建筑行业资质四个一级指标,以及纳税、失信被执行等八个二级指标。最终,根据模型运算输出结果,由高到低设置四个建筑工程企业风险等级。对等级高的企业进行重点约谈,对存在中等风险的企业进行通报。曾经发生过拖欠工资的企业,被安排进入黑名单数据库,保证高危企业一旦发生欠薪,能够迅速冻结其银行资产。

建设和使用"农民工欠薪预警模型"是B市政府面对的一个全新任务。B市围绕着所涉及的多个部门,重新梳理了多部门间的协作关系,创造了新的工作流程。针对某行业公民个人拖欠工资的监管是以往不多见的,以往并没有类似案例可供借鉴。银监会、人社局、住建局、市场监管委等众多部门之间的责任关系,是依托数据为核心重新构建起来的。其中不少部门之间的协同和关联并不密切,甚至是少有来往的。理顺组织关系,确立组织流程,为使用数据预测结果,提供了合法的框架和稳定的保障。B市成立的专门议事机构——"市政府根治拖欠农民工工资工作领导小组",为巩固这种临时构建的协作关系提供了组织保证。

2. 案例4:政治动员下的组织流程强化

该案例发生在2020年的下半年,防控仍旧是当时党和政府最迫切的任务,自上而下的政治压力为监管模型的建设提供了动力。病毒通过冷链食品传播成为隐藏的防控"漏洞",冷链食品的相关防控受到各级政府的高度重视。为了及时有效控制、堵住漏洞,党中央、国务院就冷链食品相关安全防控做出针对性部署,下发防控技术指南等多项通知,并要求各省市 2020 年 10 月 31 日前建成线上"冷链食品追溯平台"。B 市市委书记多次批示,要求全市进口冷链食品"无追溯数据不得销售"。2021 年,B 市将冷链食品追溯平台纳入市委市政府 20 项"民心工程"持续予以重点推动。

B 市市场监管委闻令而动,立即联合市商务局、市卫健委、海关、市交通运输委、市港务集团等部门和企业,梳理工作流程和职责,明确各部门的职责分工:海关负责督促企业录入入境检疫相关数据;商务局监督一级冷库录入货品信息、货运信息、人员检验证明、货物检验证明;交通运输委监督冷链货物运输过程,并配合港务集团、各冷库提供车辆、驾驶员、收发货人信息;市场监管委监督各个涉及冷链食品经营的商户、下一级冷库、贸易市场录入信息,并督促终端零售商记录购买食品的消费者信息;市委网信办负责冷链食品追溯平台对接的技术工作;市卫健委负责冷链从业人员检测结果信息及时录入并与食品追溯平台对接;港务集团提供直接转运至外省市以及一级冷库中冷链食品信息。B 市在明确了环环相接的任务和工作流程后,还通过制度文件的方式确定下来。B 市防控指挥部印发了《B 市进口冷链食品追溯工作实施方案(试行)》。"五不准"的政策也得到了强有力的执行,对拒不执行该政策的 B 市某餐饮公司负责人予以行政拘留 5 日的处罚,在媒体曝光后形成有效震慑作用。

在强大的政治动员和制度安排下,各协同部门不仅充分保障数据归集共享,还将已有平台接入工作流程中。卫生健康委检测数据库、市委网信办、港务集团智慧平台以及各检测、消杀公司信息化系统的追溯数据迅速整合进入数据链条中。历时三个多月,B 市市场监管委在原有食品生产企业信息化追溯系统基础之上,紧急开发的冷链食品追溯平台于 2020 年 10 月 30 日在全国范围率先上线运行。该系统实现了涉疫冷链食品信息追溯的"一键查询"。2021 年初,国务院食安委组织对各省市进口冷链食品追溯平台开展了为期 4 周的不定时盲测,要求直播操作追溯进口商和销售流向,B 市系全国唯一全部精准追溯 20 个数据的省级平台。

三、理论解释:数据释放价值与组织赋予价值的融合机制

将上述四个案例进行比较,可以发现数字化监管模型产生公共价值的路径主要有两条(见表1.9),一是基于数据本体价值的非同源数据碰撞;二是政治意图驱动下组织向数字化流程赋权。

表 1.9　案例公共价值及其实现方式比较分析

案例	棘手难题	监管模型的公共价值	实现公共价值的方式	主导公共价值创生的因素
案例1	跨省市动态轨迹监管	管控危险品,降低公共风险;提高监管的精确性,建立事前预警能力,减少监管资源投入;增强央地间、区域间和部门间的协同性	多层级、多部门的数据汇聚	数据释放价值
案例2	海量互联网数据中发现违法线索	提高化妆品质量,保证人民生命健康;提高监管效率,及时发现违规线索;探索"线上发现,线下确证"的执法方式	公开的互联网数据与政务数据的交叉融合	
案例3	事后追讨向事前预警转变	保护弱势群体,维护社会公正;建立农民工欠薪预警能力,事前发现存在欠薪风险的企业;建立新的组织工作流程,强化部门间的协同	民生推动再造组织流程	组织赋予价值
案例4	工作流程信息节点前后可追溯	保证食品安全,践行"人民至上、生命至上"理念;从口岸到餐桌,强化食品安全全链条监管,做到准确追溯	政治动员强化组织流程	

(一)政务数据公共价值创生的基本逻辑

1. 数据释放价值

数据作为一种资产或者生产要素,本身就具有价值。数据价值体现在静态的基础价值和动态的应用价值两方面。数据静态价值包括数据的完整性、

规模性、脱敏性、安全性、可编辑性、可链接性等基础属性。数据动态价值主要体现在,数据应用在不同场景中满足价值主体的程度,具体可以包括经济价值、文化价值、政治价值、社会价值等。而政务数据作为政府管理的公共财产,既包含静态属性价值,也包括动态应用价值。但是其主要价值体现在依靠与应用场景结合、满足公众对价值需要的程度上,即公共价值的彰显。

案例1和案例2中公共价值得以彰显,主要是基于政务数据本身的价值不断进行碰撞、聚合、叠加和释放,从而产生了能够解决棘手难题关键方面的新公共价值。案例1的政务数据来源多且层次广,包括中央层级提供的其他区域数据和本地政府其他部门的数据。其中,大量数据属于从未进行过共享的非同源数据,比如源于由中央部委提供的不同区域监管执法数据,以及交通轨迹数据和公安卡口数据。出自不同的信息系统且没有进行过共享的数据,一旦被组织在一起进行聚合与碰撞,很可能会产生新的价值。由于行政执法的区域性限制,跨区域的异地监管执法难,不同区域监管执法的数据也缺少联通和碰撞的机会。案例1中,中央部委协调提供危化品车辆跨省的数据,破解了B市难以处理的大量外地车信息。案例2的政务数据与互联网数据之间也属于非同源数据,一个来自政府,另一个来自公开的互联网数据。政务数据和互联网数据之间差异更大,并且鲜有碰撞的机会。政务数据,尤其是执法监管的数据并不会向社会开放,而公开的互联网数据由于数量巨大也需要经过一定的筛选才能具备链接条件。所以,案例2的数据碰撞更像是通过数字化手段,模拟监管在互联网中搜索违法违规的信息。

数据价值主导的公共价值创生逻辑可以概括为两点,即数据的差异度产生新的公共价值,差异度越大,公共价值越大;数据的饱和度保障公共价值的稳定性,数据来源越多,数据的饱和度越大,数据的稳定性越强。第一,非同源的数据本身就指来自不同系统、之前没有共享过的数据。数据间存在差异,差异的程度根据其产生的行业、层级、性质而不同。数据差异越大,说明数据彼此联系和共享的机会越少,反映的是组织间的协作频率不高、协作关系不牢固。而差异性大的数据碰撞并融合,比如跨越多个层级和部门的数据,可以形成具有新价值的组织关系。第二,来自不同部门越多,形成的数据规模越大,表示记录监管主客体行为的角度就越多,有利于描绘更加准确的信息,进行更加准确的分析。来自不同部门、不同渠道的数据,可能有些是重叠的,比如产品违法违规的信息可能市监局、公安局、政务热线等会同时记录。部分重复、重叠的数据,保障了信息在一定条件下达到饱和甚至溢出的状态,使得预警模型在训练和实际运行过程中更加稳定。

最后,数据的汇聚和链接,让不同层级和部门的政府间形成数字契约关系,原本松散的组织间协同关系变得更加巩固和稳定,从而保障模型的公共价值得以持续存在。数据价值主导的公共价值创生逻辑,产生的公共价值更多是效率性的价值,比如精准发现问题线索、事前预警监管风险等。这和数据本身的简洁、精炼、高效的特性存在高度的关联。

2. 组织赋予价值

组织既是创造公共价值的主体,也为实现公共价值提供合法性和基本保障。政府组织为新公共价值创生提供了动力机制。无论是为了形成精准化、预测性的监管能力,追求建设效率性和效益性的公共价值;还是为了解决民生诉求,案例中政府组织为创建新的数字化监管模型提供了持续的动力保障。希冀效率的动机意图促使组织改进效率,而执法效率的改进又不断促使组织加大人力、物力的投入。"互联网+监管"项目试点刚开始推进时,B市交通运输执法部门参与热情和配合积极性需进一步调动,但是随着项目初步显示出效率价值,他们发现监管模型确实能够为执法提供帮助后,迅速加大了配合的力度、加快了项目的开发速度,为后续顺利建成提供了各种便捷。这些微小的价值会持续汇入数字化监管的功能体系,并体现在最终的公共价值。

案例3和案例4的公共价值得以实现,首先得益于政府组织为实现政府管理意图和民生诉求的价值目标导向。政府组织因为政党属性自发产生的内部压力,或者通过识别公众诉求而产生的变革意愿,可以为数字化监管模型公共价值的创生提供持续动力。在案例3中,B市建立监管模型的最初原因是国办电子政务办的安排部署,希望其借助试点契机,探索解决"农民工欠薪"

的治理顽疾。作为国办关注的重点项目,B市市委网信办在项目开发过程中,任务涉及众多部门(银监、人社、住建、市场监管等),需要汇聚多部门核心数据(住建部门总包分包数据)。虽然中间偶遇部分部门不愿上交核心数据的问题,但是在B市市委网信办的推进下,预警模型开发整体上保障了项目顺利执行。弱势群体的权益保障是政府组织识别出具有较高代表性意义的公共价值内容。在案例4中,监管模型开发涉及安全防控,凸显了政府组织和管理压力自上而下的快速传导,加快了公共价值的创生。2020年,保障人民生命健康是人民政府最重要的任务,中央高层确定了"人民至上、生命至上"的工作原则,凡涉及相关内容都要列入优先位置。随后,B市市委主要领导指示卫生等相关部门,冷链追溯平台务必在时间节点前上线。层层传到的压力保证了监管模型的开发效率,从冷链仓库发现安全隐患,到B市上线监控系统,耗时仅三个多月时间。

其次,案例3、案例4公共价值的创生,还仰赖于政府组织为保障组织变革而提供的合法性支持。政府数字化改革不仅仅是技术工具的引入,而是组织结构和流程机制的变革。案例3中,"农民工欠薪预警模型"的工作机制是风险预测,把事后追讨型治理变革为事前风险预警。案例3所形成的工作流程和机制,是之前治理"农民工欠薪"问题时所未有的。新的工作流程虽然在线上,并通过数字关系体现出来,但根本上需要参与的各部门通过提供数据等行为,进行任务确认和组织授权。组织流程变革的本质是原有关系的解构和重构。组织关系的拆散重组,既需要各部门通力配合,还需要制度给予合法性支持。案例4中,B市为了巩固各部门在冷链食品追溯上的工作责任,发布了政策文件《B市进口冷链食品追溯工作实施方案(试行)》。

最后,政府管理部门通过向数字化监管模型赋予的合法性和动力,转化为解决棘手问题的公共价值。数字政府建设过程中,线上政府与线下组织仍然不可分割,组织完成工作最终还是要回到线下,回归至政府监管工作。所以,组织为变革后的流程赋权是公共价值创生的必要阶段。组织赋权主导的公共价值创造,不同于数据主导的价值创造,其价值更多体现在政治、民生等多元价值上。

(二)政务数据公共价值创生的流程

通过上述四个案例横向的差异性分析,政务数据形成新的公共价值遵循数据和组织两个基本逻辑。再次梳理四个案例,观察每个案例各自构建发展的阶段性变化特征,发现政务数据公共价值创生的步骤也存在一定共同的规律性。四个案例在开发政务数据资源时,都经历了三个阶段:确定明确棘手问题、设定公共价值目标,设计和规划开发流程、信息流程,明确各部门责任、汇聚各部门数据、训练模型并在检验后动态修正(参见图1.3)。

第一阶段,确定所要解决的棘手问题,识别或预判可能的公共价值目标。四个案例的开发过程都有着明确的问题意识,或是为了解决各部门工作中棘手问题,或是上级部门要求且本地区也需要解决的全局性问题。本阶段所做的工作是立项论证调查,明确立项的价值和意义,探讨立项的可行性。各部门工作中面临的棘手难题很多,并不是所有问题都适合运用数字化手段进行改革,需要考虑政务数据等相关资源是否符合条件。B市在开展"互联网+监管"试点工作之初,在全市范围内调查各部门的监管数据共享需求,结合监管部门的权责清单以及数据供给条件,并考虑全市中心工作、国办试点要求,最终确定了应急管理、交通运输、卫生健康、市场监管等几个重要目标领域。

第二阶段,设计数据模型的信息流程,规划开发模型的工作流程。本阶段要明确目标模型最终要解决的问题,并且根据此目的设计模型的主要功能。此阶段常遇到的困难是,熟悉执法业务的政府部门并不了解技术能够达到的效果,并不知道怎么表达对模型建设的想法;熟悉技术的信息企业开发人员,对监管执法部门的专业需求并不了解。B市沟通需求侧与技术侧的方法,是由几位既熟悉技术开发流程,又对政府管理和工作流程了解的网信办干部,从中协助沟通、链接业务和技术。同时,网信部门作为"互联网+监管"的牵头部门,还负责协调中央政府、B市政府之间以及B市各部门之间的信息往来,并负责规划项目开发的工作流程,推动项目模型的建设进度。

　　第三阶段,明确参与项目各部门的责任,按标准汇聚各部门数据。建立监管预警模型工作一般需要涉及多个部门。不同部门在工作流程上负有各自的责任。无论是在项目前期开发的过程中,还是项目建成后实际投入使用过程中,需要确定各部门在工作流程中的位置以及责任,最好通过政府文件的形式确定下来。数据汇聚是整个数据开发的核心。各参与部门要保证所提交的数据完善、准确,并且具备一定规模。数据需要按照要求的字段进行汇集,数量尽量保证达到一定可供模型训练使用。之后,数据导入模型算法进行训练,根据训练结果不断调整算法和工作流程。最后,完善的最终模型发送至执法部门和基层执法终端 App,供执法人员研判和执法使用。

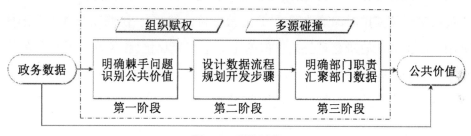

图 1.3　开发过程

四、理论对话

　　本节采用探索性的多案例研究方法,基于 B 市监管数字化转型中四个预警监测模型的开发过程,提炼出政务数据释放价值的基本逻辑与基本开发程序,为各地政府推进数字政府建设提供可借鉴的行动方案。上述发现提示各级政府在数字化转型过程中,开发数据价值的同时,还需要注意保障组织支持,构建"线上线下"相融合的方式。本节尝试在如下两方面与已有理论进行对话。

(一)数字政府建设创造公共价值的途径和方法

　　随着新技术的发展,表达政治观点和利益诉求的渠道更加便捷,人们对多元价值目标的追求更加迫切和显著。因此,公共管理学中有关公共价值的研究愈发受到关注。公共价值逐渐成为近些年国内外公共行政研究中的核心议题和研究范式。区别于传统公共行政效率至上的导向,以及新公共管理理论对工具理性的过分推崇而忽视了政治的作用,公共价值的研究更加贴合人们为了解决晚近以来因全球化、数字化带来的多种复杂棘手问题,对多元价值、多主体合作等理念的呼吁和倡导。公共价值的研究众多,且分类方法各有不同,除了创造与识别、单数与复数、管理与失灵等二分法视角,还有根据定义和目的不同的多元研究路径。面对公共价值研究的多维结构,国内学者更加认同公共价值创造、公共价值规范两种研究取向,或者称为结果主导的研究、共识主导的研究。前者以穆尔的公共价值战略三角理论为核心,讨论公共价值的创造、公共价值的识别和测量等话题。后者集中研究普适性公共价值的核心观点集合及其排序和筛选问题,还有公共价值的冲突、协调以及共识的形成机制。由于既往的研究对公共价值的定义呈现碎片化,相关基于共识的知识积累和实证检验就略显匮乏。本研究依托多案例研究方法,力图展现公共价值形成的具体过程,为公共价值研究补充了更多具有中国场景特征的实证内容。

本节所涉及的政务数据价值释放问题,正好是中国乃至世界公共行政研究的热门话题,即数字化转型实证内容。国内学者在数字政府建设与公共价值的关系上形成了普遍共识,认为二者存在内在的契合性。因为,从外在特征看,二者都关注集体偏好、重视政治作用等特征;从内在本质看,数字政府通过数字技术提高政府治理能力,为公众提供更加符合其价值偏好的公共服务等公共产品,所以其内在蕴含着创造公共价值的目标属性。数字政府场景中的公共价值研究包括定义、创造、释放三个维度,其中创造公共价值是核心环节,是一个包含表达与识别、管理、评估、反馈等阶段的动态过程。在创造公共价值的方法中,多元主体共创、政府数据资源开放、公众利益的数字化表达、技术与组织变革深度融合,以及政府灵活响应的敏捷能力塑造等路径经常被提及。尽管数字政府建设为公共价值研究提供了新的叙事框架,但是其创造公共价值的研究更多地仍停留在规范性的论述上,未能结合具体实践揭示出在中国特有文化、政治和制度情景下,内在的创生机制与治理策略。本节提出从数据价值和组织价值两条路径创造公共价值,印证了关于绩效价值、程序价值的分类方法。数据价值与绩效价值相似,更多的指向了效率和效益等观念,代表了人类追求功利性的工具理性,而组织价值与程序价值相似,包括了透明、平等、合法等理念,代表着人类向往过程规范的价值理性。有学者提出算法通过建立规则加强执行、增加精准性和预测性等方式创造绩效性公共价值,以信息透明、主体平等、事后追溯等方式创造程序价值。政务数据创造公共价值的方式也符合绩效价值的特征,但是上述程序价值创造方式忽视了中国政治体制的影响,属于中间性解释方案。本节将从组织结构性权力和政治性权力的系统性重塑与让渡角度,给予数字化场景下公共价值创生更本土化的解释思路。

(二)政务数据价值的开发与释放

当今世界正在从后工业时代向全面的数字化时代迈进,描述工业时代经济要素的资本、技术、知识等概念及其资本价值理论,需要向以数据为核心生产要素的数据价值理论转化。数据价值研究的内容范围包括数据价值的形成、实现、确权以及定价。政务数据也是数据的一种类型,需要满足数据价值的基本规律。数据要素的经济属性特殊,既包括非物质经济要素所具有的时间空间广泛存在、规模性和高增值性等特性,还具有特殊的非排他性和非竞争性属性,即数据能够被不同主体使用而不减少其使用者获得的内在效用。因此,数据在重复使用以及与其他经济要素组合中显出成本低、收益高的特点。本节所关注的数据价值形成问题是数据价值研究的起点。形成数据价值的因素主要来自几个不同的方面:数据本身质量、加工深度和便捷度、使用程度、链接程度、应用场景、开放程度。价值的相对性决定了数据价值的大小,最终取决于使用的用途和必要性。在具体经济活动场景中,数据价值能体现出精准性、即时性、网络性和预测性,提高了经济活动运转的效率,延展了经济活动的空间,促进了社会进一步分工和分化。虽然既往研究对数据价值的基本构成以及最终实现都有所论述,但是从数据价值本体到数据价值实现之间的过程,现有研究仍然显得语焉不详。本研究从一个角度验证了数据价值是构成最终实现价值的基础,并且数据间的异质性和多源性为价值增值提供了支撑。同时,数据基础价值到数据价值实现之间的转化机制和流程,需要有更加坚实的动力支撑和组织保障,以确保线上技术和线下组织变革的融合。

政府所掌握的数据是庞大的,数据价值可以在方方面面推动社会的进步,实现政治、社会、经济、科技等诸多价值。但是以政务数据为核心的公共数据,其根本属性还是公共性。如果在研究数据价值时,过于强调其在发展数字经济中的商业价值或者经济规律,可能忽视了政务数据的核心价值,甚至无法实现政务数据的其他价值。政务数据的价值核心在于向社会大众、社会整体提供公共价值。政务数据的公共价值研究涉及价值内涵与分类、价值识别与测量、价值开发与释放等方面。政务数据公共价值的类别,可以粗线条地划分为政治、经济、文化等,而如果根据价值体现领域和场景进一步细分,则会显得二级指标过于庞杂。但是无论哪种分类方法,都表现出政务数据公共价值本身与实现其主体脱离的倾向。国内不少学者采用政务数据开放价值的叙事框架,其研究表述更像是讨论政务数据本身,以及经过开放手段产生的价值以及数据开放后,经过开发者开发与创造的价值进行区别看待。本研究通过对多个案例的观察进一步发现,基于中国政治体制的特殊性,政务数据的价值或者政务数据开放的价值,不可能与数据开发、释放等后期活动分而论之。政务数据在开发与释放价值过程中,需要政府组织不断释放权力、重构流程,提供种种包括监督、使用在内的合法性支持。政务数据本身的价值和创造方式提供的价值共同组成了公共价值的双内核。越来越多的研究在探讨政务数据价值创造机制时,认为政务数据的价值是利益相关者形成的创新生态所共同缔造的结果。生态系统的观念得到了广泛的支持,数据政策、数据开放、交流反馈、利益相关者之间的互动可能是影响价值创造的因素。本研究证明政府组织是其主导因素,为公共价值创造生态系统提供了动力机制、链接能力和政策支持。

五、总结和讨论

(一)研究结论

基于 B 市建立数字监管模型的四个案例,本节提出政务数据价值向公共价值转化的逻辑为数据释放价值与组织赋予价值的双路径融合过程,以及政务数据公共价值开发的三阶段模型。监管模型的公共价值一方面来自政务数据本身释放的价值:跨部门、跨层级、跨类别的数据构成了多源异质性的数据库。异质性数据的碰撞迸发数据创新价值,多源数据的聚合充实了数据饱和性和科学性。监管模型的公共价值另一方面来自政府组织提供合法性支持:民生诉求和政治压力为数字变革提供动力机制,数字化转型变革或者强化了政府原有的组织工作流程,政府组织以政策文件形式为新工作流程提供合法性保障。政务数据开发的流程存在一定阶段性规律,首先明确公共价值实现的目标并转化为技术需求,其次设计信息功能流程并明确开发工作流程,最后夯实各参建部门责任并汇聚数据。

(二)政策建议

本节对于提升政务数据开发的效益与效率有两点政策建议。第一,政务数据开发与政府职能转变务须结合起来。政务数据无论是通过开放、流转、交易等方式进行开发,政府部门不能"放手不管"而需要提供连续服务。除了在牵头汇聚数据、确定部门职责安排等方面给予积极的政策支持和组织保障,还需要对重新构建的涉及政府部门的组织工作流程给予合法性支撑。第二,政务数据的价值会随着数据来源增多而发生根本变化。政务数据价值的识别与测量不能仅凭单一来源数据的价值而作为衡量基准,多来源数据的组合价值也不能简单做线性求和,需要综合考察整体性价值以便于定价和交易。

（三）不足与展望

本研究所选取的四个案例均来自 B 市的监管领域,所讨论的政务数据公共价值创造机制存在一定解释限度,需要进一步拓展案例涉及的政府职能和应用场域。相比于行政审批等政府职能,行政监管的行业特性较强,更强调对政策法规的准确把握,并且监管模型对预警功能需求更加旺盛,所以进行监管行业政务数据开发时,组织授权和组织支持的要求可能比其他行业更大。另外,公共价值理论强调公民参与和政府回应的敏捷性,但是本节四个案例公民并没有参与价值创造,仅仅是体现在动力机制提供阶段的关注以及对高层形成政治压力上。公民参与的影响如何体现在政务数据开发的其他环节仍然需要进一步研究和考察。上述不足之处,我们会在未来的研究中予以持续跟进。

本章参考文献

[1]鲁金萍,许旭,王蕤.我国政务数据共享:成效、问题与建议[N].中国计算机报,2021-7-12(008).

[2]吴应良,肖炯恩.电子政务治理理论框架下的政务数据共享创新研究[J].电子政务,2018(10):51-59.

[3]张培勇,王旭,刘晓红.在数字政府建设中发挥大数据管理部门作用研究——以江苏省为例[J].江苏科技信息,2021(14):24-26.

[4]锁利铭.府际数据共享的双重困境:生成逻辑与政策启示[J].探索,2020(05):126-140+193.

[5]孟庆国,林彤,乔元波,王理达.中国地方政府大数据管理机构建设与演变——基于第八次机构改革的对比分析[J].电子政务,2020(10):29-38.

[6]石亚军,程广鑫.区块链+政务服务:以数据共享优化政务服务的技术赋能[J].北京学院学报,2020(06):50-56.

[7]袁刚,温圣军,赵晶晶,陈红.政务数据资源整合共享:需求、困境与关

键进路[J].电子政务,2020(10):109-116.

[8]马亮.中国数字政府建设的理论框架、研究议题与未来展望[J].中共天津市委党校学报,2021(02):71-85.

[9]李珒.协同视角下政府数据共享的障碍及其治理[J].中国行政管理,2021(02):101-106.

[10]王芳,储君,张琪敏,张亦琛,赵安.跨部门政府数据共享:问题、原因与对策[J].图书与情报,2017(05):54-61.

[11]李重照,黄璜.中国地方政府数据共享的影响因素研究[J].中国行政管理,2019(08):47-54.

[12]张楠,赵雪娇.理解基于区块链的政府跨部门数据共享:从协作共识到智能合约[J].中国行政管理,2020(01):77-82.

[13]马广惠,安小米.政府大数据共享交换情境下的大数据治理路径研究[J].情报资料工作,2019,40(02):62-70.

[14]明承翰,徐晓林,陈涛.政务服务数据共享研究——以武汉市为例[J].电子政务,2018(01):14-21.

[15]聂勇浩,李霞.迂回策略:监管部门如何破解数字化治理中的协同困境[J].电子政务,2018(01):22-30.

[16]林雪霏.条块结构中的地方政府"持续创新"——基于P区政务数据共享改革的案例分析[J].学海,2021(03):101-110.

[17]朱志伟.区块链参与政务信息共享的结构安排与实效价值研究[J].学习论坛,2021(04):75-82.

[18]王鹏,丁艺,魏必.整体政府视角下的政务信息资源共享影响因素——基于结构方程的实证研究[J].电子政务,2019(09):96-105.

[19]张勇进,章美林.政务信息系统整合共享:历程、经验与方向[J].中国行政管理,2018(03):22-26.

[20]徐晓林,明承翰,陈涛.数字政府环境下政务服务数据共享研究[J].行政论坛,2018(01):50-59.

[21]胡玉桃.数字化转型视野下的地方政府数据协同治理[J].学习与实践,2021(06):69-77.

[22]叶战备.政务数据治理的现实推进及其协同逻辑——以 N 市为例[J].中国行政管理,2021(06):44-49.

[23]宋懿,安小米,范灵俊,马广惠.大数据时代政府信息资源共享的协同机制研究——基于宁波市海曙区政府信息资源中心的案例分析[J].情报理论与实践,2018(06):64-69.

[24]曹惠民,邓婷婷.政府数据治理风险及其消解机制研究[J].电子政务,2021(01):81-91.

[25]金泳,徐雪松,王刚,曾智.基于区块链的电子政务大数据安全共享研究[J].信息安全研究,2018,4(11):1029-1033.

[26]中央全面深化改革委员会第二十六次会议.中共中央国务院关于构建数据基础制度更好发挥数据要素作用的意见[EB/OL].(2022-12-19)[2023-8-2].https://www.gov.cn/zhengce/2022-12/19/content_5732695.htm.

[27]许晴.唤醒"沉睡"的政府数据[J].中国经济周刊,2017(31):42-43.

[28]郑磊.开放的数林:政府数据开放的中国故事[M].上海:上海人民出版社,2018.

[29]王本刚,马海群.公共数据的公共价值研究——以国内外相关政策和报告为核心的解读[J].情报理论与实践,2022,45(10):1-10.

[30]WILLAMS I,SHEARER H. Appraising Public Value:Past,Present and Futures[J]. *Public administration*,2011,89(04):1367-1384.

[31]王学军,张弘.公共价值的研究路径与前沿问题[J].公共管理学报,2013,10(02):126-136+144.

[32]竺乾威.公共价值的行政学分析[J].公共管理与政策评论,2023,12(01):20-27.

[33]DAHL A,SOSS J. Neoliberalism for the Common Good? Public Value

Governance and the Downsizing of Democracy[J]. *Public Administration Review*, 2014, 74(04)：496-504.

[34]DE JONG J,DOUGLAS S,SICILIA M. Instruments of Value：Using the Analytic Tools of Public Value Theory in Teaching and Practice[J]. *Public Management Review*, 2017, 19(05)：605-620.

[35]赵新峰,高凡.公共价值共创视角下区域共同体的运行机制与建构方略[J].天津社会科学,2023(01):95-103.

[36]韩金成.邻避设施决策的公共价值失灵危机及其治理——基于J垃圾焚烧发电项目的实证考察[J].公共管理与政策评论,2022,11(06)：141-155.

[37]翟云.数字政府替代电子政务了吗？——基于政务信息化与治理现代化的分野[J].中国行政管理,2022(02):114-122.

[38]张丽,陈宇.基于公共价值的数字政府绩效评估:理论综述与概念框架[J].电子政务,2021(07)：57-71.

[39]韩啸,汤志伟.数字政府创造公共价值的驱动因素与作用机制研究[J].电子政务, 2022(02)：51-64.

[40] SCUPOLA A, MERGEL. Co－production in Digital Transformation of Public Administration and Public Value Creation：The Case of Denmark[J]. *Government Information Quarterly*, 2022, 39(01)：1-11.

[41]JETZEK T,AVITAL M,BJORN-ANDERSEN N. Data-driven Innovation through Open Government Data[J]. *Journal of theoretical and applied electronic commerce research*, 2014, 9(02)：100-120.

[42][美]罗伯特·K.殷.案例研究:设计与方法:原书第5版[M].周海涛,史少杰,译.重庆:重庆大学出版社,2017.

[43]关于印发冷链食品生产经营新冠病毒防控技术指南和冷链食品生产经营过程新冠病毒防控消毒技术指南的通知:联防联控机制综发〔2020〕245号[EB/OL].(2020-10-27)[2023-8-15] https：//www. gov. cn/xinwen/2020-

10/27/content_5555114.htm

[44]蒋敏娟,黄璜.数字政府:概念界说、价值蕴含与治理框架——基于西方国家的文献与经验[J].当代世界与社会主义,2020(03):175-182.

[45]姜宝,曹太鑫,康伟.数字政府驱动的基层政府组织结构变革研究——基于佛山市南海区政府的案例[J].公共管理学报,2022,19(02):72-81+169.

[46]王学军,王子琦.追寻"公共价值"的价值[J].公共管理与政策评论,2019,8(03):3-16.

[47]何艳玲."公共价值管理":一个新的公共行政学范式[J].政治学研究,2009(06):62-68.

[48]陈振明,魏景容.公共价值的"研究纲领":途径、方法与应用[J].公共行政评论,2022,15(06):63-77+197.

[49]DAVIS P,WEST K. What Do Public Values Mean for Public Action? Putting Public Values in Their Plural Place[J]. *The American Review of Public Administration*, 2009, 39(06): 602-618.

[50]杨黎婧.从单数公共价值到复数公共价值:"乌卡"时代的治理视角转换[J].中国行政管理,2021(02):107-115.

[51]RUTGERS M R. As Good as It gets? On the Meaning of Public Value in the Study of Policy and Management[J]. *The American Review of Public Administration*, 2015, 45(01): 29-45.

[52]HARTLEY J,ALSORD J,KNIES E,et al. Towards an Empirical Research Agenda for Public Value Theory[J]. *Public Management Review*, 2017, 19(05): 670-685.

[53]BRYSON J M,CROSBY B C,BLOOMBERG L. *Creating Public Value in Practice:Advancing the Common Good in a Multi-sector, Shared-power, No-one-wholly-in-ChargeWorld*[M]. Carabas:CRC Press, 2015.

[54]MOORE M H. *Creating public value:Strategic management in govern-*

ment[M]. Cambridge：Harvard University Press，1995.

［55］MOORE M H. *Recognizing Public Value*[M]. Cambridge：Harvard University Press，2013.

［56］FERRY L，AHRENS T，KHALIFA R. Public Value，Institutional Logics and Practice Variation during Aausterity Localism at Newcastle City Council[J]. *Public Management Review*，2019，21（01）：96-115.

［57］De GRAAF G，HUBERTS L，SMULDERS R. Coping with Public Value Conflicts[J]. Administration & Society，2016，48（09）：1101-1127.

［58］MEYNHARDT T. Public Value Inside：What Is Public Value Creation? [J]. *Internntional Journal of Public Administration*，2009，32（3-4）：192-219.

［59］PANAGIOTOPOULOS P，KLIEVINK B，CORDELLA A. Public Value Creation in Digital Government[J]. *Government Information Quarterly*，2019，36（04）：1-8.

［60］王学军，陈友倩. 数字政府的公共价值创造：路径与研究进路[J]. 公共管理评论，2022，4（03）：5-23.

［61］刘银喜，赵淼. 公共价值创造：数字政府治理研究新视角——理论框架与路径选择[J]. 电子政务，2022（02）：65-74.

［62］OSBORNE S P，NASI G，POWELL M. Beyond Co-production：Value Creation and Public Services［J］. *Public Administration*，2021，99（04）：641-657.

［63］De GRAAF G，PAANAKKER H. Good Governance：Performance Values and Procedural Values in Conflict［J］. *The American Review of Public Administration*，2015，45（06）：635-652.

［64］昌诚，张毅，王启飞. 面向公共价值创造的算法治理与算法规制[J]. 中国行政管理，2022（10）：12-20.

［65］唐要家，唐春晖. 数据价值释放的理论逻辑、实现路径与治理体系[J]. 长白学刊，2022（01）：98-106.

[66]李海舰,赵丽.数据价值理论研究[J].财贸经济,2023,44(06):5-20.

[67]肖旭,戚聿东.数据要素的价值属性[J].经济与管理研究,2021,42(07):66-75.

[68]付熙雯,郑磊.开放政府数据的价值测量:特征与方法的比较研究[J].图书情报工作,2020,64(19):140-152.

[69]JANSSEN M,CHARALABIDS Y,ZUIDERWIJK A. Benefits, Adoption Barriers and Myths of Oopen Data and Open Government[J]. *Information systems management*, 2012, 29(04): 258-268.

[70]门理想,王丛虎,门钰璐.公共价值视角下的政府数据开放——文献述评与研究展望[J].情报杂志,2021,40(08):104-110.

[71]郑磊.开放政府数据的价值创造机理:生态系统的视角[J].电子政务,2015(07):2-7.

[72]DAWES S S,VIDIASOVA L,PARKHIMOVICH O. Planning and Designing Open Government Data Programs: An Ecosystem Approach[J]. *Government Information Quarterly*, 2016, 33(01): 15-27.

[73]黄如花,何乃东,李白杨.我国开放政府数据的价值体系构建[J].图书情报工作,2017,61(20):6-11.

[74]薛万庆,谢明荣.服务型政府视角下政务APP的发展现状与策略思考[J].电子政务,2015(03):38-42.

[75]孙宗锋,孙悦.组织分析视角下基层政策执行多重逻辑探析——以精准扶贫中的"表海"现象为例[J].公共管理学报,2019(03):16-26.

[76]李雪松,丁云龙.健康码"码上加码"的形成机制与双重效应——一项基于制度性事实的解释[J].公共管理学报,2021(04):105-115+173.

[77]鲁金萍,许旭.深化我国政务数据共享亟需培养"四种能力"[J].科技中国,2021(06):14-17.

[78]邓念国.体制障碍抑或激励缺失:公共服务大数据共享的阻滞因素

及其消解[J].理论与改革,2017(04):117-126.

[79]李军,乔立民,王加强,高杰.智慧政务框架下大数据共享的实现与应用研究[J].电子政务,2019(02):34-44.

[80]皇甫鑫,丁沙沙.数据共享、系统性创新与地方政府效能提升——基于浙江省"最多跑一次改革"案例[J].中共福建省委党校学报,2019(04):109-117.

[81]RICHARD E MATLAND. Synthesizing the Implementation Literature: The Ambiguity-conflict Model of Policy Implementation[J]. *Journal of public administration research and theory*,1995(2):145-174.

[82]竺乾威.地方政府的政策执行行为分析:以"拉闸限电"为例[J].西安交通大学学报(社会科学版),2012(02):40-46.

[83]袁方成,康红军."张弛之间":地方落户政策因何失效?——基于"模糊-冲突"模型的理解[J].中国行政管理,2018(01):64-69.

[84]王洛忠,都梦蝶."限塑令"执行因何遭遇阻滞?——基于修正后"模糊—冲突"框架的分析[J].行政论坛,2020,27(05):69-80.

[85]吴宾,齐昕.如何识别政策执行中的政策模糊性与冲突性?——基于政策文献量化方法的探索性研究[J].理论学刊,2020(03):101-110.

[86]胡业飞,崔杨杨.模糊政策的政策执行研究——以中国社会化养老政策为例[J].公共管理学报,2015(02):93-105.

[87]王蒙.扶贫开发与农村低保衔接的政策执行偏差及其矫正——基于复杂政策执行的"模糊——冲突"分析框架[J].中国农业大学学报(社会科学版),2018(05):108-116.

[88]王法硕,王如一.中国地方政府如何执行模糊性政策?——基于A市"厕所革命"政策执行过程的个案研究[J].公共管理学报,2021(04):10-21.

[89]王正惠.模糊-冲突矩阵:城乡义务教育一体化政策执行模型构建探析[J].教育发展研究,2016,36(06):9-17.

［90］ZADEH, L. A. Fuzzy Sets ［J］. *Information and Control*, 1965 (08):338-353.

［91］ROTHWELL R, ZEGVELD W. *Reindusdalization and technology*［M］. London:Logman Group Limited,1985:83-104.

［92］孟溦,王毢祎.基于二维分析视角的长三角城市群政府数据开放共享政策分析[J].电子政务,2020(03):82-90.

［93］陈玲,段尧清.我国政府开放数据政策的实施现状和特点研究:基于政府公报文本的量化分析[J].情报学报, 2020,39(07):698-709.

［94］黄如花,赖彤.数据生命周期视角下我国政府数据开放的障碍研究[J].情报理论与实践, 2018,41(02):7-13.

Digital Transformation
Digital Transformation
Digital Transformation
Digital Transformation

第二章 政府数字化转型的智能化机制

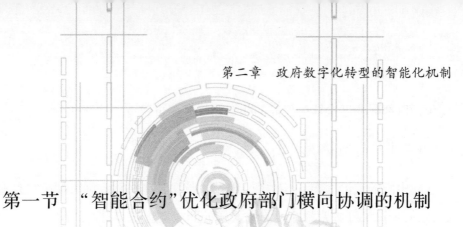

第一节　"智能合约"优化政府部门横向协调的机制

党的十九届四中全会强调了建立完善的部门协作机制,旨在防止政策执行中的多头管理与政策效应相互掣肘,目标是优化政府职能分工,以构建高效协同的治理体。在我国的管理实践中,存在部门间权力的错综复杂和责任划分的模糊不清。协调不力的部门间关系,进而导致交易成本的增加,可能带来监管的缺失和问责的难题,进而可能产生政策多头、政策效果相互抵消等严重问题。现有的议事协调机构等解决方案,需要依赖高层领导的介入,不能彻底根治部门协调问题。

科层制组织内部部门间的协调难题随着新技术的涌现找到了解决的新途径。具有去中心化、不可更改、时间可追溯等属性的智能合约,是一种通过代码自动执行协议的数字化工具,其特性与科层制组织结构的协调问题之间,出现了高度匹配的理论吻合度。那么,对于智能合约如何被高效地融入现行的部门管理架构与流程,以及如何从技术视角弥合新技术与旧有体系间的差异,目前尚缺乏深入周全的逻辑分析与理论体系的构筑。

一、文献综述

在公共组织研究中,政府部门间的协同合作一直是研究的重点议题。部门间协调机制是对组织内基于专业化分工而产生的任务、资源分配进行协调的一系列制度总和,它汇总了以议事机构、大部制为代表的结构化协调机制,还包括以部际联席会议为代表的相互调整协调机制。

(一)部门间协调机制

在中国的政治框架下,从中央到地方,议事协调机构和临时性机构普遍存在,它们负责统筹协调跨部门的重要任务和应对突发事件。周望[1]在多个时间点(2010年、2015年、2018年、201年)的研究中强调,领导小组作为国家治理中的核心协调机制,面临两个显著问题:一方面,部门过度依赖领导小组中高层的介入;另一方面,高层领导频繁参与领导小组可能导致资源配置的分散。在1993年至2008年经历的四次政府机构改革中,国务院议事协调机构的数量变化显示出"减少—反弹—再减少—再反弹"的周期性规律,这揭示了政府在议事协调机构功能上的反复依赖性。[2]叶托[3](2015)经研究指出议事协调机构之所以持续扩大,是因为它们在整合部门间的分裂和权威体系的碎片化中,发挥了动员补充和连接分管副职的桥梁作用。这些机构的存在有着体制和机制上的逻辑基础,而它们规模的增长主要是为了应对新任务的挑战,以及受到官僚体系内部扩张动力的驱动。[4][5]

在对部际联席会议制度的深入考察中,加拿大政府依据资源密集度与规范化水平,将部际横向协作模式细分为非正式结构、协议和正式结构三个分类。在众多的横向协调模式中,部际联席会议被视为一个典型的例子。朱春奎等(2015)指出与议事协调机构相比,部际联席会议并非一个正式的组织结构,而是一种促进部门间协商的机制。这种机制的优势在于成本较低、灵活性较高、对权威的依赖性相对较弱,这有助于促进信息的顺畅传递和资源的有效流动。周志忍等[5](2013)指出我国广泛采用的部际联席会议机制通常带有临时性质,而主导部门往往不具备实质性的领导权力。对于覆盖更广范围的省部际联席会议制度,在操作手段或工具、运行过程、实际效果等方面存在一定的差异。虽然从技术理性和制度理性的角度分析了潜在的等级制度障碍、粗放式管理、官本位等问题,但尚未提出更为具体和针对性的解决措施[6]。

在探讨大部制改革和整体性政府的研究中,临时性的部门间协调机制并非大部制改革的主要目标。大部制改革的核心在于对现有部门的功能进行调整和重构,目的是解决职能分散的问题,实现权力的共享。石亚军[7]的系列研究(2008、2010、2011、2012)指出大部制的功能性变革将显著消除我国行政体制中存在的部门职能重叠、利益作祟、问责不明确等问题。周志忍等学者依托整体性政府理论为大部制改革提供支撑,这种改革强调政府结构的扁平化和网络化的特性,区别于传统体系中等级分明与过分专业化的倾向。其核心在于推动职能的综合集成,以及重塑清晰的权责关系。

(二)智能合约及在政府治理中的应用

依据2018年工业和信息化部信息中心发布的《中国区块链产业白皮书》,智能合约被定义为一种基于区块链技术的自动化程序,它具备事件驱动的、具有状态的、获得多方承认的以及根据预设规则自动执行资产交易的特点。智能合约最显著的益处是它通过算法自动执行合同条款和解决争议,无须人为介入。从本质上讲,智能合约可以被理解为一种软件程序,其特点包括信息的公开可访问性、不可更改性和持续运作的能力。

探讨智能合约的内涵及其技术特点时,陈吉栋(2019)指出智能合约本质上是一种依托区块链技术的自动执行的计算机程序,它以代码的形式在区块链上运行,构成了一种自我执行的合约形式。该合约利用计算机程序自动履行,由机器"解读"(识别)合同的条款,并在满足特定条件时自动执行相应的操作——这正是合约"智能化"的体现。关于智能合约的运行过程,夏沅(2018)认为可以概括为三步:第一步,参与方在协商后形成一致意见,并将共同的意愿转化为智能合约的形式;第二步,该合约经由区块链网络向全世界发布并进行保存;第三步,在满足预设条件时,智能合约将自主执行其规定的各项条款。柴振国(2019)指出强调智能合约具有明确的确定性特点,它通过降低灵活性来确保交易的高效性,从而防止了对条款的多重解读和不必要的谈判过程,同时还能有效地维护隐私安全。

智能合约在政府治理等多个领域中展现出广阔的应用潜力。华劼[8]

(2018)强调了智能合约与区块链技术融合的潜力,指出区块链的"去中心化""去信任化"和"抗篡改性"等特点,能够在著作权确认、商标优先使用证明、物流跟踪以及防止假冒伪劣商品等方面提供强有力的支持。区块链技术与智能合约的有效融合能显著提高社会共识和信任水平,同时降低社会协作的成本。这种融合已经在电子政务和政府治理领域展现出了巨大的应用潜力。[9][10]

首先,需要转变以政府为主导的监管模式。这种转变可以应用于身份证监管、信用体系监管、交通违规监管以及食品安全监管等多个领域。其次,需要重新设计政府内部的工作流程。[11][12]居明玄[13](Jun M S)等(2018)研究认为,打破"数据孤岛"现象,对分工明确但效率不高的科层制组织进行流程改造,消除因利益冲突和竞争而产生的部门隔阂,实现跨部门的数据共享和流程的顺畅对接。最后,这些措施将有助于提高政府治理的透明度。还有研究认为,点对点网络结构赋予了每个参与者平等地读取和存储信息的能力。同时,为了确保数据的一致性,网络中的任何信息变动都需要经过全体成员的同意和同步更新。

区块链技术与智能合约的融合,以其共建共享、不可篡改、隐私安全、时间可追溯等属性,为克服政府部门间信息交流的障碍、减少对第三方协调的依赖、避免重复协商以及降低交易成本等问题,开辟了理论和实际操作的新方向。

(三)研究述评

无论是国内还是国际学术界,都对部门间的协调合作机制以及智能合约在治理方面带来的问题给予了广泛关注,并进行了相关的研究工作。然而,目前的研究仍面临一些挑战和问题。

第一,目前对于议事协调机构等跨部门协调机制的研究,大多侧重于从组织间交易成本的角度来解释其存在和运作的逻辑。这种研究方法在本质上并没有超越现有的政府实践逻辑框架,也没有有效地构建或提出针对政府议事机构路径依赖现象的理论创新和解决策略。因此,迫切需要探索超越现有理论和实践路径依赖的可能性,利用新兴技术和理念,系统地构建跨部门协调机制,以期达到长期降低制度性交易成本的目标。

第二,尽管有关高新技术与政府治理融合的议题已经引起了普遍的重视,并且已经展示了其在提升科层制组织治理效能、推动部门间信息共享方面的技术优势,但在部门协调挑战的背景下,对于高新技术在政府治理规则的制定和实施方面的深入研究仍然不足。因此,需要在部门间协调问题上,进一步研究高新技术参与政府治理的规则制定、实施条件等核心议题。

第三,虽然智能合约技术和理念对于改进政府治理具有积极作用,弥合部门协调中现存的规则执行难、违规成本低、重复协商、记录追溯困难等问题上具有明显优势,但目前缺乏将智能合约技术应用于促进部门间协调的研究成果。因此,研究智能合约在部门协调中的理论适用性、规则制定和执行机制等问题变得尤为必要。

二、政府部门间协调困局——结构根源、机制困境和实践表现

(一)科层式的专业和层级划分是部门间协调困局的结构性根源

政府机构在部门协调工作中遇到的难题,本质上源于官僚体系内部的组织架构固有不足。尽管自 20 世纪 90 年代起,由西方国家主导的新公共管理运动提出了一系列改革乃至摒弃官僚体制的建议,这些建议在某种程度上优化或冲破了传统官僚体制的限制,但它们并未从根源上消除官僚体制结构对部门间协作的妨碍。

科层制组织的本质属性是其"专业化"和"职能化",即在横向上依据职能来设置不同的部门,在纵向上则根据等级来界定权力的边界。马克斯·韦伯(Max Weber)[15]设计了一种理想型的科层制结构,该结构通过横向的职能分

工和纵向的等级划分,旨在创建一个专业化和权力集中的高效率组织框架。但这种框架在实际操作中,却为组织内各部门之间以及各层级之间的交流与协作设置了结构性的障碍。

在科层制组织中,专业分工对于提高效率起到了关键作用,但这同时也要求不同专业领域之间必须进行有效的协调以实现合作。工作按照其种类、特点和目标被进行了细致而精确地划分,这样做的目的是确立清晰界定的职责范围和明确的权利义务关系。尽管各部门在专业、权力和责任方面可能各不相同,但它们各尽其职,共同构成了组织功能体系的结构基础在分工的基础上,合作变得至关重要。当特定任务的需求超出了单一部门的专业领域时,尤其是在组织分工日益精细化、追求单一事件处理效率最大化的今天,跨部门的合作与沟通变得越来越频繁。然而,专业部门之间是平行的关系,它们之间不存在基于权力等级的从属关系,只有相互协作的责任,而缺乏形成强制执行力的机制,或者其强制力远不及在层级结构中上级对下级的强制力。

在等级分明的组织架构下,横向部门间的合作效率常常受到垂直层次系统带来的束缚。在组织架构中,层级化亦称为等级化,它呈现为一个垂直的指挥链,体现为上级向下级下达命令的关系,各层级之间建立了控制与被控制的联系。这种无条件的等级制度是提升工作效能的根本,然而,它亦可能造成下级对上级的过分依赖和利益纠葛,进而引发只对上级负责而忽略其他同级部门诉求的问题。当各个部门之间的协作出现难题时,通常需要高层部门的干预。然而,若是上级机构或指挥官的管理权限并未囊括所有需要协作的单位,同样将面临协调平级机构时的困难。在这种情境下,最恰当的行动方案是逐步向上层管理机构提出请求,请求其介入并施加影响。这一逐步升级的程序将持续进行,直到出现权力焦点或权力交集点,从而使得某个领导人或部门能够统筹各方面的力量,进而实现有效协调的目标。

(二)政府部门间的协调机制产生了严重的机构臃肿与路径依赖

官方机构之间的协作往往依赖特定的协调机制,然而这类协作模式通常效率不高、效果不佳。在中国的官方管理架构内,副手领导干部各自负责不同部门的安排,导致当这些隶属于不同副手领导的部门需要协作时,通常必须向共同的上级或最高指挥层汇报,方能完成这种合作。因此,在科层制的体系中,那些纵向与横向明确的、类似网格状的单向结构,不但理论上限制了各部门之间的有效沟通,而且在实际操作中也难以消除这种限制,从而导致协调机构的扩张过度和产生了对既定路径的依赖。在中国的治理架构之内,自上而下遍设多元化的统筹管理与应急机构,这些机构承担着协调重要跨领域任务与应对突发状况的重任。除了议事协调机构外,部门间协调的主要机制还包括大部制改革和部际联席会议。然而,这些机制同样无法从根本上解决协调效率的问题。

(三)政府部门间协调效率低下实践表现为规则的强制性和 连贯性缺失

在行政治理的实际操作中,部门间的协调障碍是一个常见问题,这在那些需要多个部门共同监管的领域或行业中尤为明显。以中国食品安全监管为例,尽管 2013 年发布的《国务院机构改革和职能转变方案》等法规明确了国家食品药品监督管理总局负责统一监管食品安全的各个环节,包括生产、流通和消费。但实际上,包括国家卫生健康委员会、农业部、国家质量监督检验检疫总局、国家工商行政管理总局、国家粮食局、环境保护部、工业和信息化部,以及公安部在内的多个部门,都在食品安全监管的不同环节、不同阶段和不同性质的活动中扮演着角色,这导致监管职责的大量重复、交织以及存在界定不清晰的区域。以农业领域为例,监管机构主要负责监管食用农产品从种植、加工直至进入市场批发和零售环节的整个过程中的质量安全。然而,"进入"一词,无论是指食品所有权的变更还是指食品在地理上的转移,现行法规对其含义的界定并不明确。至于改善监管体系,减少监管重叠和不明确的问题,有两种主要策略:一是进行机构重组和职能调整;二是建立综合性协调机构。在法律框架内,机构重组和职能调整的自由度受到限制,而综合性协调机构则遭遇了合作缺乏强制性规范、合作模式选择缺乏合理性以及合作成效难以达到预期的问题。

(四)协调机制的困境分析

从上述实例中可以观察到,政府部门间的协调效率在实际操作中往往不尽如人意,主要原因在于协调机制缺乏持续的强制性效力。在深入研究中,笔者的观点是,大多数协调工作都围绕着新出现的问题或新的任务展开。在这些新任务的驱动下,部门间的沟通与协调变得尤为重要,这就要求对现有的权责利关系进行重新审视和调整,确立新的规则。然而,规则的制定过程和标准尚未形成长期稳定的模式,这导致每次遇到新问题都需要重新商讨解决方案的局面。行政组织内部缺少一个统一的协作框架和基础规则,导致每次跨部门协作都需要重新制定针对特定任务的协商规则,而不是直接讨论具体的协商内容。即便形成多部门间的书面协商协议,各部门仍可能选择性地遵守或对不利于自身的条款进行重新诠释。在合同履行过程中,如遇到阻碍或引发多方面的阐释,这些阐释可能会干扰对规则的准确理解并涉及利益的分配,各个部门往往需重新开启对话,以加强一致性、消除差异。在某些情况下,这可能意味着必须重新考虑协议的具体内容和执行步骤,导致重复谈判。

这些问题,包括重复协商、多重解释和选择性执行,本质上是因为部门间协调缺乏强制性和连续性。在中国,解决这类问题通常依赖于更权威领导和机构的介入,它们作为中立的第三方来协调和解决冲突。为了减少多重解释和重复协商,最有效的方法是通过高层的裁决和强制力。然而,这种依赖高层权威的做法可能会导致领导层的路径依赖,进而出现领导兼任多个职位、拥有多重头衔的情况。例如,上海任命某位领导的头衔多达二十个,虚位以待的各种类协调议事机构的虚职占到一半以上。毕竟高层权威介入协调的次数和时间毕竟是有限的,一般都会在制定规则、分配任务、重大分歧判断等关键环节,而执行协议的过程是不会被全程跟踪的。因此,在协调过程中,高层的权威就不可避免地带来了执行过程监控不足。相关人员之间由于配合、交接、转移交接过程缺少乏记录和监督,一旦出现问题和事故,就会出现当事人推诿扯皮的情况,追责难度极大。

总体上看,部门协调问题之所以反复出现,根源在于规则缺失、缺乏外部强制力量以及执行记录的不透明性,这些问题阻碍了协调机构或权威持续有效地介入协调工作。在行政管理的领域内,无论是实际操作还是理论研究,都亟须一种具备稳固规则体系、能够实现长期介入的高效协调机制。智能合约技术,依托于区块链的架构,理论上为弥合理论与实践的断层提供了桥梁,为改进部门间的协调体系带来了潜在的解决方案。

三、智能合约优化部门间协调机制的逻辑理性分析

工具之所以被视为工具,首先在于它具备广泛的适用性,能够解决普遍存在的问题,因此具有普遍价值;其次,工具因其独特的属性,能够针对特定问题提供解决方案,从而具有特定的相对价值。从一方面来看,智能合约技术凭借其独特的技术属性,能够为部门间的协调提供更高效的解决方案;从另一方面来看,这种技术属性恰好满足了部门间协调机制的需求,使得智能合约技术在这一领域具有显著的应用潜力。

(一)智能合约匹配部门间协调问题的本体论分析

1. 智能合约的内涵

从本质上说,智能合约是一套可以自行执行的代码,其核心优势在于能够利用算法自动处理合同的裁定和履行,从而无需人工干预。尽管智能合约的广泛应用与区块链技术的快速发展紧密相连,但这一概念实际上在区块链技术出现之前就已被构想出来。早在 1994 年,尼克・萨博(Nick Szabo)就构想了一种具有当代意义的计算机化智能合约,这是一种允许合同各方以数字形式明确承诺并自动执行的协议。萨博的智能合约理念是将密码学与计算机科学结合起来,创造出一种能够自动执行的新型合同。受限于当时的技术环境,

萨博的这一概念在当时并未得到实现。然而,随着区块链技术后来的突破,萨博的这一前瞻性设想最终得以实现。

区块链技术是一种去中心化的共享账本系统,它构成了智能合约运行的技术基础。智能合约依附于区块链,形成了一种逻辑上的合约体系,用以规范和连接区块链内的各个节点。在这种技术架构下,网络中的每一个节点都具备同等的数据处理能力,既可以共享数据,也可以对数据进行记录;数据被保存在各个区块之中,不依赖于任何中心化的数据库。所有参与的节点共同维护数据记录,确保了信息的公开和透明,这正是分布式账本的核心特点。数据的记录是由网络中的所有节点共同参与的,一旦某个节点确认了其他节点提供的数据的准确性,这些数据就会被记录,并附上时间标记,存入新的区块中,随后这个新区块会被加入区块链的链上。由于这个过程是连续不断进行的,因此保证了数据的追溯性和安全性,使得数据难以被非法篡改。

2. 智能合约的特性

智能契约本质上与传统法律契约关联紧密,它代表着多方参与者在事先确定的条款下共同签订的合约。智能合约依托区块链技术,获得了区别于传统合同的独特属性。智能合约的主要特性包括:自主执行的特性、持续的执行力、无须中心化管理、信息安全性、身份隐匿性以及信息的可追踪性。

第一,智能合约拥有自主执行事务的特性。它是一种依靠编程语句搭建的约定,能够依照既定的法则自主实行,无须当事者在协议确立时刻进行人工干预。智能契约通常以复杂的编程语言编写,把人类的指令转换成计算机能够理解的命令。该逻辑框架以"当……则……否则"(如果遇到某种情况,便执行特定操作,反则面临某种后果)作为基本原则。因此,为确保智能合约条文仅有一义,其内容应精确无误。

第二,智能合约拥有持续的执行力。凭借自动执行的功能,智能合约保障了合同规定的履行不会受到干扰。智能合约利用区块链的分布式特征,确保了按照预先设定的合同条款持续进行操作。法律的强制性是规范合同强制性的关键手段。必须经历辨认违背承诺、交流协商、求助法律途径、实施强迫执行的一系列环节。智能合约借助区块链技术的去中心化稳固性,保障程序代码的持续履行。这种机制为确保合同条款的履行提供了一种刚性保证,从某种视角来看,这与"法律等同于代码"的理论不谋而合。

第三,智能合约的核心属性体现在其去中心化的特性上。智能合约与区块链的深度整合,使其顺理成章地获得了区块链的根本特征之一:去中心化。去中心化在智能合约领域,意指摒弃了对单一权威第三方机构的依赖,实现了自主决策。交易信息在分布式网络节点上进行统一保存与运算,促成了由原本的集中控制模式向去中心化多节点架构的演变。

第四,智能合约展现出卓越的安全性能。智能协议借助不对称加密手法,并依靠网络内全体节点的分布式记忆构架,保障了信息的不可篡改性。若需要对数据做出任何形式的修改,必须在网络内同时说服半数以上的节点配合,这在现实中是一项艰巨的任务。因此,即便是黑客入侵了网络中不到一半的节点,也无法对存储在其余节点中的数据带来真正的损害。

第五,区块链上的协议具备不可追踪的特性。在分布式账本领域,节点们按照既定规则互换信息,而智能合约的执行则是由区块链自带的逻辑自动执行,这样使得交易各方能够在不泄露身份的前提下执行操作。在真实的市场交易里,信赖源自对交易方名誉的判断,然而在依托区块链技术的智能合约体系中,双方的个体信誉不再是关注的焦点,交易保障纯粹依赖于合约规则和区块链技术的内在属性来确保其真实性。可以说,区块链的安全性能提供了匿名性。

第六,智能合约具备来源追踪特性。分布式记账技术的记载范畴同样涉及时间点的记录。时间戳可以精确记载活动发生的时间,确保区块时间标记的唯一性。梅克尔树(Merkel Tree)是一种确认区块链中连续区块相互关联的技术,确保了数据链的不可篡改性。通过其独特的指向性记录方法,明晰地展示了时间线的进程,允许数据被追溯至时间线上的任一特定点。

(二)智能合约匹配部门间协调问题的价值论分析

政府部门难以单独依靠体系自身的能力或制度有效解决内部协调面临的

问题和挑战。过分依赖外部的议事协调机构可能会引发一些不良后果。智能合约的引入,实质上为解决部门间的协作问题提供了一种外部的解决途径。从理论上讲,智能合约的特性与部门协调的需求具有很高的匹配度,并且已有相关研究开始深入探讨智能合约在促进部门数据共享方面的实际应用潜力。

第一,智能合约通过其自动执行的机制,有助于解决部门协调中因缺少强制约束而带来的挑战。作为一种程序化的合约形式,智能合约基于双方通过自然语言商定的条款,这些条款转化为代码后,不带有主观色彩。智能合约一旦在网络中被部署并激活,它将保持一致性和不变性,不会受到利益驱动或人际关系变动的影响。这样,智能合约消除了合同执行过程中可能出现的任意性,确保了即使在部门人员更换的情况下,合约的理解和执行也能保持一致。智能合约以其全自动化和不间断的执行方式,形成了一种无须额外解释的强制执行力。这种强制力无法通过传统的部门间合作协议实现,也不是议事协调机构或上级领导能够持续提供。纸质合同的强制执行力通常仅在违约事件发生后得到体现,那时它作为向调解机构提供的参考资料。即使出现违约事件,各机构仍可能对书面规定进行重新释义和修改。依靠议事协调机构或高层领导组织的会议来实施强制协调,虽然能够提供一定的约束力,但这种约束力往往难以持久,并且难以覆盖到执行层面的具体操作细节。而智能合约凭借其自动执行的特性,能够提供一种持续而稳定的强制力。这种机制能够确保由高层权威参与制定的合作规则得到不折不扣地执行,并且这种执行能够渗透到操作的每一个细节之中。柴振国指出,智能合约的特性在于其确定性高,通过牺牲一定程度的灵活性来提升交易效率,避免了多重解释和重复谈判[77]。

第二,智能合约的安全性和可追溯性特点为解决部门间协调中缺乏详尽过程记录的问题提供了有效的解决途径。得益于智能合约的分布式存储特性和公钥加密机制,它与区块链技术的结合确保了合约内容的不可篡改性,同时保证了记录的事务信息的不可更改性。在部门间的合作中,一个主要的挑战是执行过程中缺乏权威或第三方的全程记录,任何可能的利益冲突或责任问题往往导致后期责任归属难以明确,纠纷解决变得极为困难。在前文食品药品管理实践中可以发现,多元主体共治模式在行政管理领域屡见不鲜。诚然,权力交叉和职能模糊确实可能引发协作过程中出现的利益分歧与责任争议。构筑一个健全的任务执行追踪机制于部门交接任务之时,将助力管理部门沿着追踪路径明晰化任务执行中的权责界定模糊地带,进一步助力于健全跨部门合作与共治的环节。在没有第三方权威机构进行持续监管的情况下,即便合作框架内各个部门的权力和职责已经规定明确,这些部门之间在交接工作时仍然面临着一些不确定性。由于部门间的数据信息相互独立,当需要追责时,责任方可能会拒绝分享数据,而质疑方则难以核实这些信息,导致违反合作协议的成本低,执行效果不尽如人意。智能合约通过其时间戳功能,将数据及其时间戳精确地记录在区块链上,确保了信息的全程可追溯性。这样,各部门在任何时间点的工作交接都能变得透明、明确且易于追踪,从而提升了协议执行的透明度和效果。

第三,智能合约的匿名去中心特性有效解决了传统部门协调中对权威产生依赖的难点。由于职权分配的非对等性,部门间的横向协调经常遭遇挑战。财政、人事等服务对象范围更广的部门实际掌握的信息更多、权力更大。由于权力的分配不均衡,部门间的有效协调变得困难,强势部门往往忽视弱势部门的协调请求,导致普遍倾向于依赖第三方的权威来解决问题。第三方权威的依赖使得部门间的协调效率变得低下。国务院议事机构经历的"膨胀—精简—再膨胀",说明了行政机关知晓依赖议事机构会造成效率低下,但部门间协调又离不开议事机构。为了增强协调的效能,通常需要建立专门的议事机构,但过多的议事机构可能会对整个行政体系的效率产生负面影响,并增加运营成本。智能合约的出现,为议事协调机构在提升效率和降低成本之间提供了一种可能的平衡。智能合约的匿名和去中心化特点保障了网络节点间的平等,避免了对特定部门权力的依赖,同时减少了对第三方权威机构持续介入的需求。这使得议事协调机构能够减少对日常协调活动的深度介入,从而有效降低人员配置和运营预算等行政开支。此外,高层领导作为议事协调机构的关键角色,也无须频繁参与协调任务,这有助于节约宝贵的时间资源。

四、智能合约优化部门间协调机制的技术理性分析

智能合约的干预介入及对部门协调机制的优化,不仅需要考虑其理论需求与问题特性之间相关度,也需要考察智能合约技术的发展程度,能否精确表述及执行众多部门协作场景进行评估。这已不仅仅是单纯的逻辑推理和理论匹配,更是一个显而易见的科学实践问题。技术功能应紧密与问题解决的逻辑同步,同时着重原理上的创新以保证在实际操作中的应用效率和实施可能性。智能合约在技术基础、关键应用场景以及实施步骤中显现出的强大实用性,为它在跨部门协作中的运用提供了佐证,此为其逻辑理性论证在实践领域的拓展。

(一)智能合约改进部门协调机制的技术可行性

三个技术性问题会置于智能合约技术用以解决部门之间协调难题之前:一是自然语言与机器语言之间的转换难题;二是在自动执行过程中如何进行有效的调试和优化;三是在违约情况下如何妥善处理赔偿和补救机制。

第一,需要实现自然语言与机器语言的转换。在部门之间制定的智能合约最初是通过书面形式,也就是使用自然语言来初步起草的,但为了确保其实际执行,智能合约必须转化为计算机可理解的语言形式。由于计算机的机器语言具有高度的固定性,它没有自然语言那样的语义解释空间,不像自然语言能够相对灵活地描述复杂的情况,可能会有两方面的担忧:一方面担心自然语言能否成功转换为机器语言;另一方面担心在转换过程中,机器语言是否能够准确无误地传达原意。尽管自然语言与机器语言之间的转换存在一定的不精确性,但我们仍然可以采取一些策略来提高语义理解的准确性和表达的精确度。首先,可以通过使用"if…then"这样的条件语句来明确表达条件,从而实现自然语言向机器语言的转换。这种方法有助于确保在满足特定条件时,智

能合约能够按照预定的规则自动执行。其次,在处理语义转化中遇到条件不明的情境时,一种有效的策略是可以使用细化场景内容。简而言之,就是将不确定的情况细化为多个常见的不同场景并为每个场景设计特定的应对策略,面对那些极为罕见且难以预料的复杂情况,再采用自然语言协议来明确规则或通过协商谈判以达成共识。

第二,自动执行中的调试与调整。智能合约一旦启动,其自动执行的特性意味着它不能被随意定制或更改。正是这种不可变性赋予了智能合约强制执行的力量,从而防止了因部门间的分歧而导致的谈判破裂。但与此同时,智能合约如果应对独特的非标准情况时,是否必须从头开始订立新合约以进行调整或中止。这是一个值得思考的问题。一些学者提出嵌入自动销毁功能以在需要时清除区块链数据,但这种内置自毁机制具有显著的风险,其潜在漏洞可能导致不可预知的负面后果,它并不被视为适宜执行合约终结的有效策略。智能合约的固有特性确保了其内容的不可篡改性,其优势在于避免了传统合同可能面临的随意变更问题,相比于频繁的重新谈判,其效率提升显而易见。尽管在理论上可以对区块链上的智能合约进行一定范围的修改,适度的代码调整并不意味着智能合约的智能化程度有所下降,但重点在于强调智能合约的自动执行机制和其不可篡改的特性。即使在违约情况下,通过事后的补救措施和赔偿机制来纠正错误,也能够避免随意的调试和调整对合约整体履行可能产生的不利影响

第三,违约和补偿的处置机制。在由区块链技术支持的智能合约中,通过自动化执行的程序和算法,有效地取代了传统沟通、协商和表达的方式,将高效执行整合进部门间协调的复杂流程中。考虑到智能合约作为一种新兴技术,不可能覆盖所有部门间协议执行的具体操作,包括但不限于协议的制定、调整、撤销和解除等步骤。这种情况可能会引发潜在的违约、争议以及补偿问题。处理违约的策略主要采纳两种方法:一是预先在智能合约的编程代码中设计好违约处理程序,以便能够自动进行执行;二是将违约后的裁决和补救措施委托给第三方权威机构来处理。该种形式属于自动执行的变种,其特征在

于,在智能合约自主执行之前,便对潜在的违约情形进行了预先分析,并且将处罚机制嵌入至编程之中。例如,当合同违约事件发生时,能够自动实施的一项措施是,一方可以直接接管另一方所控制的资产或数据。财产控制若遭受违约行为的过度干预,或是争议加剧时寻求共识的途径,往往依赖第三方的公正权威来作出裁决与调停。智能合约内可能嵌入众多繁杂的代码,因此,通常情况下,为了在出现争议时提供清晰的理解,需要用易懂的文字对其进行解释。

(二) 智能合约应用于部门协调的场景可行性

在商业领域,如租赁、借贷、保险、资产认定等方面,智能合约已经被一定程度地探索和应用。当前阶段,大部分智能合约集中于短期内的操作,而由于技术制约,智能合约技术尚未能在所有跨部门协调的需求场景与流程中充分展示其全部能力。智能合约作为辅助工具,确实在支持部门间协调的关键场景中发挥了特定作用。

尽管有学者提出运行智能合约需要进行"多方协商制定合约、区块链广播储存、条件达到自动执行"三个核心步骤,但关键在于确定智能合约在部门协调中能够显著发挥作用的关键领域。目前,部门间的协调机制主要包括垂直协调、水平协调以及垂直和水平相结合的混合型协调,不论采取哪种协调方式,都需要明确参与部门的任务、确立清晰的权责界限,并有效解决可能出现的冲突。智能合约以其独特的属性,能够显著提高这些协调过程的控制和效率。

首先,新任务或新情况的出现往往会导致治理结构的重新调整。在新任务的分配和新事物的多个管理部门的建立过程中,部门之间的协调是常见的。在行政实践中,经常会出现上级部门分配新任务,但由不同的科室或单位承担不同部分的情况,这可能是由于对任务的不同理解,也可能源于争夺利益或逃避责任的倾向。此外,为了应对新任务的出现,可能需要组建由多个部门参与的治理小组来进行合作,明确哪些部门应该参与到治理过程中,并负责相应的协调工作。高层权威可以进行前瞻性的设计并确立构建智能合约的规范架构,创建以主要任务分配为核心的自动任务分配系统和相应的团队组建机制。这样的设计可以确保任务更精确地对应到相关的管理对象,同时也可以让承担相应责任的单位参与到治理团队中来。

其次,权责关系的确定。协同治理的参与者们必须首先确立管理和监督架构中权力与职责的界限,并探索通过信息互换和程序融合促进跨部门协作与一致性的方法。众多学术研究表明,针对含有众多参与方且对隐私保护有较高需求的政府机构之间的协同工作,采用联盟链技术能显著展现其突出的优点。智能合约的规则制定主要是为了明确权力和责任的边界,这包括明确各个部门管理的对象范围、管理的时间和空间阶段,并确保所有环节的无缝对接,以消除监管的空白区域。业务部门将其职能以组件化方式整合进审批监管流程中,通过明确的权责分配,确保各组件之间能够高效对接。一方面,通过各模块的依次连接和整合,形成了一个连贯性强的完整审批监管过程。另一方面,在类似的权责对等原则下,各个机构所拥有的信息能够被导入区块链平台,随后,借助智能合约,数据的储存、校验和分享过程将自动进行。由此,一个新的数据互换过程便诞生了,它提升了信息公开的程度以及流转的速度。

再次,纠纷的解决。失误或事故发生后,责任评估成为部门间协调的一个至关重要的场景。在纠纷出现后,通常需要依赖高层权威来解决,这往往是因为缺乏责任履行的记录和追溯机制。智能合约在解决争议中主要采用两种基本模式:首先,在制定协议时,可以预先定义各种违约情况及其自动执行机制。一旦触发了预设的违约条件,系统将自动执行预定的惩罚或补救措施,如停止审批流程并进行责任判断,根据监管范围和协议中各方的责任分配来确定责任方。其次,如果发生违约或违规行为,系统会立即报错并提示进行更正。如果违规行为持续或加剧,系统将启动上报程序,将问题提交给第三方高层权威机构进行处理,第三方权威依据上报信息,结合相关部门的陈述进行调解处理。

根据上述关键场景和相关讨论,本节可以提出一个理论化的模型如图

2.1。在第一阶段,跟随高层权威的引导,需要协调的各部门形成一个协调网络,进行有效的沟通和协商。在这一阶段,各部门需要明确各自的权责界限、业务流程的衔接,以及对潜在违规行为的纠正和惩罚措施。在达成一致后,这些共识将以自然语言的形式被转化为正式的智能合约文本。由高层权威负责将智能合约从自然语言形式转换成计算机可执行的代码,从而建立起一个基于区块链技术的部门间协作和信息共享网络。在此网络框架下,各参与部门转变为网络中的节点,而各项业务流程则被封装成独立运行的任务单元。这些模块按照业务逻辑的顺序被构建成连贯的业务流程。每个任务单元都拥有相对独立性,并通过数据同步和授权验证的方式实现相互之间的联动,构建起整个网络的交互架构。在第三阶段,智能合约在执行过程中若遇到违约情况,内置的惩罚机制将自动触发并发出警告。一旦违约行为超出预设阈值,合约将自动终止执行,随后相关部门将介入进行协调处理。对于可解决的轻微违约问题,系统将自动执行补救措施,在问题得到纠正后,系统将恢复至数据和业务流程的下一阶段。对于无法自行解决的严重违约问题,系统将向上级报告,并请求第三方权威机构介入处理。

(三)智能合约应用于部门协调的实践可行性

在中国的行政体系运作中,现存的大量议事协调机构其运作过程一般涵盖以下几个环节:确立参与成员、合理分配资源、激发合作动力以及确保任务的跟进与执行然而,在议事协调机构的运作和协调过程中,经常会遇到一些问题,如小组成员的执行力度不足、协调合作的效率不高以及任务管理的松懈。在许多情况下,当议事协调机构的主导单位和权威领导分配任务后,其他参与部门往往会将主要责任推给主导方,这限制了工作的实际进展,使得工作往往只停留在表面,缺乏积极性,有时甚至需要主导机构的不断推动才能继续进行。另外,由于考察监督机制的不完善,导致在成果归属上易引发争夺,问题发生时则滋生推诿现象。同时,工作进度与质量的标准设定与执行也受到阻碍,无法实现高效的一致性管理。如果将智能合约技术运用到议事协调机构,将会有力提升协调效能。

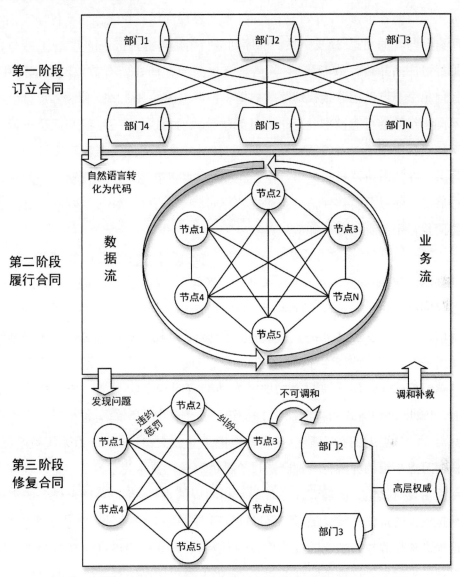

图 2.1 智能合约辅助政府部门间协调的流程示意图

第一,工作进展信息准确可靠。智能合约技术采用分布式、去中心化的记账技术,核心特性在于任何节点执行的操作都会即时且永久地镌刻在区块链上,并同步传播至网络中的所有节点。因此,其他参与者能够清晰察觉各个议事机构中的行动者行为,任何不严肃或不尽职的行为将无所遁形,从而形成强大压力促使各个参与团队积极应对并切实履行责任。智能合约不仅翔实记载所有参与者的动态,还支持按时间序列进行精确追踪。区块链系统中,一旦数据经过广播并被各节点接纳,其信息会永久地存储在所有节点的数据库中。任何单个节点试图非授权地篡改数据将被网络内的其他节点侦测和验证。当不同小组间的行为被准确记录而且无法篡改时,任何单一小组都无法依赖于工作流程中缺乏对各团队行动透明度的优势,来规避纠纷或模糊责任归属的环节。在议事协调机构的引导下,智能合约能够精确监控各行动小组的工作进展。它通过分析和评估各小组在协作过程中的具体状况,能够准确界定在协同执行中的责任归属和成果分配。

第二,责任关系更为牢固稳定。智能合约依托区块链技术,构建了一种链式联结的架构,通过各区块的有效整合,确保了各种功能的稳定且高效协同。以时间戳(Time Stamp)、随机树和哈希值(Hash)形成的指针进行排列的区块头(Head),有序地构成了一个动态更新的链式结构。其中每个区块头详细记录了各行动团队的操作详情与职责分配,实现了功能流程的地位平等且连续的执行模式。任何区块数据的即时变动都将同步影响整个功能链的运行机制。因此,这种链式的构造强化了协作流程的连贯性和效率:每个行动小组在其对应的节点上的行为都会被清晰地记录并放大,且这些行为无法被隐藏。任何节点小组的异常行为都会通过哈希值的变化被相关小组所察觉。各行动单元需要对其负责的后续任务环节承担明确的责任,并且对整个任务的完成承担更大的责任。设计上,外部领导能够通过单一的链条来跟踪任务的进展,这提高了任务执行情况的透明度,从而增加了行动小组潜在违规行为被及时发现的可能性。这种透明度的提高,强化了各行动小组与其承担的整体任务之间的高度协同性。

智能合约作用于政府部门协调有两个关键:一是区块链技术通过精确记录各任务小组的实时工作动态,有效预防了功劳归属的争议和责任推诿的情况;二是显著提升了各小组间的协作效率和任务连贯性,从而实现对任务进度与质量的精细化管理和有效控制。在本节中,我们将智能合约技术的探讨聚焦于其在行政管理领域的具体实践应用,包括探讨其潜在的应用前景和适用合理性。实际上,这项技术具有广泛的适用性,例如能有效提升行政执法的协作效率,以及优化同单位副职间的协调流程。

五、讨论与建议

(一)政府科层制体系不会被智能合约所消解

本节内容旨在探讨将区块链智能合约技术应用于政府机构间的协作难题治理,通过双重视角剖析其如何从理论逻辑和实践技术层面破解科层体制固有的内源性挑战。

尽管智能合约的去中心化和自动执行特点引发了一些关于其可能削弱组织内高层权威,甚至可能动摇传统的科层制治理体系的疑问,但作者认为智能合约目前还远未达到能够对科层制构成威胁的程度。从图 2.1 所展示的流程中可以观察到,高层权威在制定规则和处理重大争议时仍然扮演着关键角色,只是在具体的执行过程中,不再需要他们持续的直接介入。目前,智能合约最突出的益处是其在提高交易效率方面的显著作用。即便在未来,智能合约技术取得了更大的进步,只要高层权威牢牢掌握着规则设定的主导权,那么关于其权威可能会被削弱的担忧就没有必要。

(二)不足与未来的研究方向

本研究在实证研究方面存在一定的限制,这为未来的研究指明了重要的探索方向。关于制定部门间协议的准则,还需要进一步的实证研究来深化理解和分析。虽然本研究已经对智能合约的理论基础和部分实施技术进行了初步的考察,但面对部门协调的纷繁复杂性,后续研究应聚焦于议事协调机制这一关键环节,将其作为主要的考察对象。在诸如城市规划、食品药物监管、交通道路管理等需要密切跨部门协调的特定领域,可以运用多案例研究的质性分析方法,对那些亲身参与跨部门协调事务的工作者进行详尽的访谈。此项研究旨在洞察协调流程中诸如任务指派、职责明确、协调文档记录等环节的实际操作,尤其是关注信息交流、冲突调解等协调行动的实施细节,并特别重视部门间框架协议的制定及其执行的细微之处。通过分析多个部门和事件案例中的普遍特征,可以识别出跨部门协调的共性要素。基于这些共性,可以构建一套文本化、协议化乃至智能合约化的部门间协调机制。

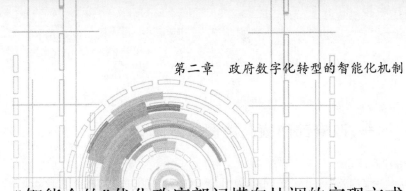

第二节 "智能合约"优化政府部门横向协调的实现方式

正如党的二十大报告所明确指出的"完善党中央决策议事协调机构,加强党中央对重大工作的集中统一领导",议事协调机构依旧是政府部门间横向协调的重要工具。尽管既往研究表明,议事协调机构存在低效表现,但政府部门间协调难以破除对其的依赖性,尤其是普遍形成对议事协调机构的核心功能——高层权威协调的路径依赖。科层制组织仍然面临着效率危机。

数字政府建设的澎湃浪潮,为完善部门间协调机制带来了新的契机。《国务院关于加强数字政府建设的指导意见》提出"以数字化改革助力政府职能转变","运用新技术进行行政管理的制度规则"。足以变革议事协调机构制度规则的新技术就是智能合约。智能合约是运行在区块链上的一段自动执行程序,可以提供议事协调机构所缺少的连续强制力,去中心、可追溯等技术特性,还能够解决协调过程无法追溯、执行规则重复谈判、执行结果多重解释等诸多问题。

但是,面对不同场景下的不同协调任务,智能合约以何种方式、何种时机嵌入协调流程?智能合约怎样才能做到既满足部门横向协调的实践逻辑,还符合"智能合约+区块链"的技术逻辑?上述问题尚未得到微观层面的详细解答。本节以智能合约干预部门间横向协调为研究对象,探索智能合约协议的生成转化规则、嵌入干预时机以及技术实现路径。

一、政府部门横向协调的基本要素

政府部门间的横向协调可能会发生在不同的场景和政策阶段之中,并且不同部门之间所协调之事也各有不同。在探讨其能否嵌入智能合约进行干预之前,需要整体上概括政府部门横向协调的内容、机构和方法,为构建智能合约嵌入的模型提供基本构成要件和讨论的基础。

(一)协调内容

协调内容是指政府横向部门之间,因职责不明或临时任务等原因,需要协调、商讨所涉问题的相关事项。政府部门协调的具体内容虽然依据领域和事项的不同,存在形式和结构的差异,但就其内涵来看,仍可以有进行概括的可能。比如,外国学者巴达赫(Eugene Bardach)[21]从观念和价值层面概括部门协调的内容——挑战、目的、潜质和实践;国内学者刘军强将议事协调机构所协调的内容概括为资源和注意力。智能合约需要的是可以实现标准化的、更加具体的内容,而价值和观念的概括难以满足。所以,本节采取了更务实和可操作的方法,将协调内容概括为"任务""资源""权力""规则"。"任务"是面对难以归入各职能部门范畴的事项,协调机构需要对新任务进行拆解,对各个参与改革或者协调的部门进行任务分工,明确各部门所领任务及边界和达成的目标等责任指标。"资源"包括现有可供调配的人、财、物资源,还包括协调事项推进中需要增加的动态资源。"权力"元素倾向于更加抽象的内容,既包括参与协调部门享有的政策和各类支持措施,还包括执行过程中的自助决策权、协调参与权、争议上报权等。"规则"是议事协调机构决策、议事的程序和规范。协调内容千差万别,本节虽然勉力概括仍会有所疏漏,但是概括协调内容是建立智能合约嵌入政府横向协调的必然路径。"任务""权力"等概念更加贴近实际,虽然不及更加抽象的"注意力"等概念概括力强,但是可以服务于后文的协调内容标准化、合约化以及智能合约的嵌入等内容,而且更加符合智能合约依照契约自动调配资源的实质。

(二) 协调机构

一般来说协调机构是区别于政府常设部门,具有特定联络、协调责任的机构,例如原来的"中央财经领导小组"等。协调机构的主要功能是凝聚共识、明确目标、授权定责、建立规则和分配资源,最典型的协调机构是以"领导小组"为代表的议事协调机构。当传统科层制组织无法充分应对紧急和复杂的任务时,议事协调机构可以通过灵活和弹性化的机制处理条块分割带来的横向协调失灵问题。职能部门之外的协调机构主要有"领导小组""协调小组""委员会""部门联席会议"和"工作专班"等。除了单独设置的议事协调机构以外,常规设置的政府部门和机构在某些情境下也可以承担协调的功能,比如"政府常务会议""党委办公厅"等。相比而言,职能部门之外的协调机构其价值在于通过形成共识、目标指引等观念影响职能部门的行为,从而更好地达到行政目标。将协调机构而非职能部门纳入议事协调的基本元素之中,并非否定参加协调的各个部门的价值,而是协调机构的责任和地位更加特殊。议事协调机构能否发挥作用是协调工作是否成立、是否顺畅的关键。协调机构在协调过程中居于特殊地位,还因为不同协调机构具有不尽相同的协调方法。"领导小组"和"部级联席会议"等协调机构负责的是组织结构性的失灵问题,重点并非是建立数据共享机制等涉及其他部门的具体事项。而智能合约嵌入部门间协调,很大程度上是要以自动化执行的程序替代协调机构的作用。本节之所以凸显议事协调机构,是为了便于后文探讨智能合约取代一部分议事协调机构功能的可行性以及时机、方式等议题。并且,智能合约嵌入协调流程后,仍需要协调机构发挥监督等特殊功能。

(三) 协调方法

协调方法是协调机构在具体协调某一种或某一类事项时所采取的技术和手段。经济合作与发展组织(OECD)曾经对跨部门协同进行分类,即"结构性机制"和"程序性机制"。周志忍和蒋敏娟[27]分析和概括了两种机制,认为结构性协调机制是为了实现跨部门协同的结构性安排,往往利用领导小组、部级联席会议等形式完成;程序性协调机制是需要进行跨部门协调时,依靠预先的议程设定和决策制度安排、已经建立的信息交流渠道等完成沟通协调。结构性机制与程序性机制互为补充。常规性的协调配合任务可以在程序规定的安排之内妥善完成。创立协调规则、重大事项决策等非常规内容,或者程序性协调机制已经失灵的时候,往往需要诉诸结构性协调机制,尤其是具有高层权威参与的领导小组。结构性机制和程序性机制在使用时还可以进一步划分层次和程度。依据使用协调技术和手段的多寡,程序性协调可以分为"简单"和"复杂";依据协调成果是否设置为制度、政策或者规范的情况,结构性方法亦可以划分"初级"和"高级"。不同的协调内容需要搭配不同的协调机构、协调方法,从而更加高效地完成协调任务。协调方法作为基本要素纳入政府横向协调模型是为了进一步突出协调内容的关键和重点。运用结构性协调机制时更加强调的高层介入和制定规则等事项,而运用程序性协调机制时更加强调是执行已订立的规则、按照常规途径解决问题。智能合约自动执行的特性与程序性协调机制更加契合,可以更多地介入程序性协调过程。

二、政府部门横向协调的主要流程

刻画政府部门横向协调的运转情况,除了需要描述构成的基本元素,还要能够概括协调机构在每个特定的"时域"和每个特定的"空域"之内所发生的协调行动。无论是什么具体行业和具体场景,部门之间的协调工作更多的是发生在各参与单位责任、利益、资源存在争议的时候,例如分配任务、确定权责、订立规则的开始阶段,以及中期配置资源时期。本节根据政策过程理论,将众多发生协调行为的场景概括为"顶层设计""资源配置"和"总结推广"三个阶段。三个阶段按顺序依次发生,符合政策发生过程以及部门协调发生的基本情况。在每一个协调阶段中将协调的基本元素置入后,对其出现时机以及出现的可行性进行分析。

(一)顶层设计阶段

顶层设计阶段一般是处于任务还未开始之前,参与任务的各职能部门以及高层权威就任务目标、任务分工、争议解决机制等协商并达成一致,最终尽可能详细地订立下各种规则。所以,顶层设计阶段需要协调的内容包括"任务""权力"和"规则"。"任务"是面对上级部门下达的非常规任务,制定最终目标和阶段性目标,分解任务下达至各个对应的部门,形成整体的任务方案,并对后续沟通、协调和争议解决制定规则。"权力"主要表现为"试点权"和"自主决策权",即分配任务之前根据任务情况、部门意愿和基本条件对允许特定部门先行尝试的"试点权"进行分配,以及分配任务后各部门在执行过程中把握政策尺度的"自主决策权"。"规则"主要指任务执行部门的人员构成以及信息交流、争议裁决等基本规则。不同的协调机构进行协调时,都会经过顶层设计阶段,但是会选择不同的协调方法。顶层设计阶段往往采用"结构性协调机制",其意义在于从根本上影响共同参与任务部门的共识性,通过目标的确认将不同元素凝聚起来,以分工赋予职能部门正式"身份"。此阶段依靠规则的确立形成运转和工作机制,是推动并建立部门间协调配合的重要一环。顶层设计阶段的任务以及在整个协调过程中的作用决定了需要更加权威的领导介入其间,所以该阶段协调机构一般是更有权威性的"领导小组"而非"工作专班"或者"部门联席会议"。

(二)资源配置阶段

资源配置阶段是为了提高任务执行效率,合理分配上级单位为任务执行配备的总体资源,并且将原来散在各个部门的人、财、物进行整合利用,提高资源使用的总体效率和效能。资源配置阶段各个部门的行为更多的是为了实现共同的目标,在协调机构的调配下积极共享原本属于本部门的人力、财力和物力资源。资源配置阶段需要协调的内容包括"资源"和"规则"。"资源"不仅指完成任务所需要的人力、设备以及经费等有形之物,还包括编制、完成时间等无形之物。"资源"一方面是来源于原本属于各部门所有的内部"资源",还有一种是为了完成任务总体目标而追加的不属于各职能部门的额外"资源"。"规则"是指资源出入各部门、在各部门之间共享的规则,并且对资源调配涉及对现有政策加以解释的内容以及文件。协调机构在"资源配置"阶段除了会通过"领导小组"等制定规则,还会通过协调机构的常务机构或者各部门的办公室来执行资源配置的规定。因此,协调方法的选用会以程序性协调机制为主。

(三)总结推广阶段

总结推广阶段是任务执行已接近尾声,各参加协调的职能部门总结任务执行过程经验,完善政策创新的细节并进行创新扩散和推广。总结推广阶段协调的内容包括"权力"和"规则"。"权力"主要是"总结权"和"推广权"。"总结权"代表的是总结任务过程、形成新的政策成果并彰显于文件之中的权力。总结过程同样也是明确各个部门在任务完成过程中所作贡献的过程。"推广权"是任务创新可能先在某个单一部门进行,随着任务的深入推进乃至完成,越来越多的部门改变了认知、达成了共识。协调机构需要对各部门认识任务完成结果以及政策创新的价值分歧进行协调。"规则"是任务达成后形成的规范性文件或者发展规划等。此阶段的协调方法是领导小组等机构运用结构性协调机制明确"权力"归属并制定"规则",运用程序性协调确认任务执行过程的贡献以及政策推广意向等技术性问题。临时性任务执行过后,如果任务所涉及的内容是需要长期面对的问题,政府部门协调流程需要长期保持。各参与协调的部门按照协调中形成的分工,以及划定形成权力责任的边界对任务进行常态化管理。

三、智能合约嵌入政府部门横向协调的技术条件和安全约束

智能合约本质上是一段可以自动执行的代码,其与区块链等技术相结合可以形成不依赖第三方的去中心化交易网络,实现对智能资产的自动化交易和处置等行为。智能合约作为一种具有自动执行功能的交易工具,具有向政府协调机构提供连续强制力以及可回溯记录的能力,理论上契合政府部门横向协调存在的高层权威依赖问题。智能合约如果要嵌入政府部门横向协调流程之中,完成从理论到实践的跨越和转变,需要论证并解决两个重要问题:第一,用自然语言概括协调过程。政府部门间协调元素、行为以及流程需要进行高度概括,然后用自然语言准确描述和表达为政府内部合同;第二,自然语言向智能合约编程语言的转化,包括协调要素和时间流程在内的自然语言文本转化为计算机可以识别的机器语言。而上述转化不仅需要符合智能合约编程规则、运行智能合约的技术平台规则,还需要满足政府部门间协调的实践逻辑和政府合同合法性的规定。

(一)智能合约的语言编写规则和开发流程

智能合约最终发挥作用依靠的是所生成的计算机可读的编程语言,能够在区块链平台上运行。目前包括以太坊(Ethereum)和超级账本(Hyperledger Fabric)在内的主流区块链平台都可以运行智能合约模块。以太坊上的智能合约目前主要采用 Serpent 和 Solidity 两种编程语言,而超级账本上智能合约的开发主要运用 Java 等传统编程语言。无论是传统编程语言,还是智能合约专用的编程语言,都与用于日常交流的自然语言相去甚远,非计算机专业的人员无法理解。因此,需要为自然语言编写的合约、协议转换为智能合约代码提供更加便捷的通道。

近年来有学者[31]提出可以使用高级智能合约语言,实现自然语言与智能

合约编程语言的高效链接和转化。高级智能合约语言是类似于自然语言的编程语言,具有介于现实自然语言与智能合约之间的过渡性、具有易于理解的特点,能够帮助非计算机领域的开发者参与智能合约的开发。高级智能合约语言还可以在一定程度上实现向智能合约编程语言的自动化转化,使得转化过程更加标准化和规范化。目前,高级智能合约语言主要有 SmaCoNat、OWL、Findel 和 SPESC。相比之下,SPESC 语言更加类似自然语言,其使用的语言元素和语法结构与自然语言非常接近,能够支持协议合约当事人的权力和义务以及实现定义资产转移规则等行为。SPESC 基本上兼顾了自然语言合约与智能合约的特点,通过协议条款明确了协议参与方的权利义务,可以实现资产转移、当事人行为、履行期限、投票和存留证据等合约内容。基于 SPESC 语言的基本特性,政府部门间协调的过程如果可以运用自然语言进行合约化描述和编制,就可以在适当的阶段运用高级智能合约语言将自然语言文本转为机器代码,实现智能合约协调过程的自动化执行。

现行的智能合约代码系统往往包括代码编写和运算两个层次。代码的编写是在智能合约层,而执行层是由机器代码负责。为了使智能合约更便于理解,需要在智能合约层之上建立一层高级智能合约层。因此,政府部门间协调中智能合约编写及执行部分的流程如图 2.2 所示。首先,由协调机构编制、各部门联合签订协调协议文本。该文本使用自然语言书写,确保符合行政法、政府内部关于协议的规定,满足协调机构任务要求,并且尽可能不出现文字理解上的歧义或缺失之处。然后,在高级智能合约语言层上(如 SPESC 语言),将自然语言书写的协议文本转化为类自然语言的语法,通过时序逻辑表达前后顺序和时间范畴,检查自然语言协议文本与类自然语言内容的意义一致性。第三步,将高级智能合约语言内容向智能合约语言进行转化。现有的智能合约语言都在区块链平台上预设了操作和功能模块,通过事件触发的方式,智能合约涉及的多主体可以调用并运行智能合约。第四步,智能合约自动生成机器代码并发布到区块链中,运行智能合约并发布运行结果,区块链上各节点共同参与验证并记录。

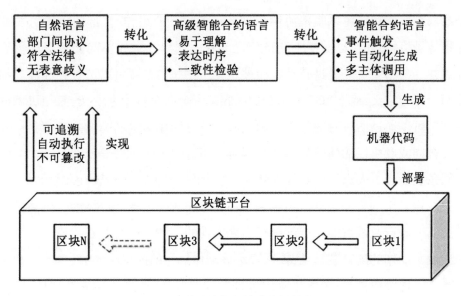

图 2.2　自然语言与智能合约间转化流程

(二)自然语言到智能合约语言的转换路径

自然语言与智能合约语言之间的转化,需要可以联系双方的高级智能合约语言作为过渡。SPESC 语言是一种高级智能合约语言,其语言元素中包含大量英文,编写规范也更接近自然语言。既往研究证明,运用 SPESC 编写的"借贷合约"等智能合约,相比于运用 solidity 语言编写的同样内容的智能合约,能够被受试者以更快、更准确的方式阅读和理解。SPESC 语言既具有计算机语言的形式化特征,可以规避自然语言可能发生的不确定性,还具有与自然语言类似的语法和表意结构。

SPESC 语言编写的智能合约包括四部分基本内容:合约框架、合约参与方、合约条款和附加信息。合约框架主要作用是表明协议的名称、提供参与方签名、表明签约时间等基本信息。合约参与方表明的是协议中参与协调的各政府部门。与自然语言法律合约相类似的是,一个智能合约在订立之前,需要在合约的前部定义下参与合约的各方。合约参与方须由名称、属性和动作几个元素共同定义,并作为基本智能合约信息记录在区块链上。SPESC 语言中的参与方可以有多个,每个参与方可以下设多个用户,每个用户还可以属于多个参与方。该功能可以实现协调机构按任务划分群组,并在部门下设置工作专班等子机构,还可以满足不同部门之间在不同阶段隶属不同任务群组等实际需要。参与方可以通过其动作而被定义。比如消费者可以用付款和接受物品两个行为定义,而商家可以用发货和收集资金两个行为来定义,参与协调的各部门可以通过所具有的特殊资源或者特殊行为作为定义。

合同或者协议的核心契约关系是通过其条款来构建和实现的。法律上,合同条款是当事人意愿的具体表达,也是当事人主张权利和履行义务的依据。SPESC 语言中的合同条款是通过表示某个或者某几个合约参与方,在某种条件下需要履行或者可能履行某些行为来实现的。SPESC 合约条款描述一个参与方及其动作的语言逻辑是,依次表示该动作执行的前置条件、资产转移和后置条件。详细地说,一个条款应该包含参与方,权利动作或者义务动作,以及就参与方在何种条件下可以执行条款的前置条件,执行之后资产转移情况,以及执行结果还需要满足的要求。后置条件一般指完成动作之前需要达成的条件,比如竞拍动作是在竞拍结束之前将最高价返还到当前并最后记录在案。其中义务动作是规定参与方在某些条件下必须执行的动作,语法中在其动作前加入"must",而权力动作是参与方在某些条件下可以执行的动作,在编写该动作时加入关键词"may"。

就本研究而言,SPESC 语言编写的智能合约条款主张的是政府各部门的权利、义务和行为,而附加信息是对其余信息的补充和完善。政府部门间协调内容和行为经上文概括为一组权利义务关系,具体表现为任务、资源、权力、规则在不同用户之间、不同协调阶段的配置和转移情况。任务以定义的方式与执行的部门进行绑定,执行过程通过设置指标等方式判定其完成情况,然后自动配置相应的资源或者将任务执行权转移到其他部门。SPESC 智能合约以货币支付功能居间转移资源,类似交易中支付货币的行为。SPESC 智能合约语言提供了三种交易行为:第一是存款,用户向合约账户存入相应资产;第二是取款,合约账户向用户转移相应资产;第三是转账,合约账户向另外一个账户转移相应资产。政府部门间协调过程中,存取和转移的应该是任务、资源、权利等协调内容。人财物等实物资源可以实实在在通过资产转移动作由主管部门提供或者在部门间流转,而任务和权利等虚拟内容可以表现为执行记录或者流程记录,类似政务审批中各个环节和流程。

不同用户和不同任务之间,可以通过相应的条件和动作实现衔接,也可以通过时间的安排和表达自然流转。SPESC 智能合约语言的时间表达式可以和支持前置条件、后置条件和资产转移进行组合,其表达方式共分为四种:时间变量、时间常量、全局查询和动作完成时间。时间常量是固定一个时间阶段,比如 3 个小时。全局查询是在合同中查询某个时间或者获取当前时间。动作完成时间是查询某个用户完成某个具体动作的时间。政府在部门间协调过程中,可以通过 SPESC 智能合约语言的时间常量功能,设置完成任务的时间段,还可以根据时间变量的功能,将时间推进与资源配置相互绑定,实现协调过程中不同阶段相应的资源配置。

(三) 实现智能合约运行的平台条件和安全约束

智能合约本身只是一段由代码组成的计算机协议,若要发挥去中心、可追溯、不可篡改等技术特性,需要将其置入区块链平台并安全运行方可实现。智能合约可以在不同的区块链平台上进行开发和运行。不同的区块链运行机制各不相同,区别在于准入机制、共识算法、智能合约运行环境、编程语言和数据模型等。以太坊和超级账本是当前较为成熟和具有广泛认可度的智能合约平台。以太坊是一个建立在区块链结构之上的开源系统平台,任何人都可以自由创建智能合约以及去中心化的应用。由于以太坊公有链和开源的特性,使得以太坊成为最受欢迎的智能合约运行平台。除了以太坊,超级账本是另外一个普遍使用的可以实现智能合约的区块链平台。超级账本平台虽然也是开源系统,但是主要服务特定商业群体,是以联盟链的方式进行运作的。相比于公有链,联盟链只允许经过授权的用户联入区块链,其在运行中可以依托授权控制节点准入,实现对数据产生和接触的控制,一定程度上避免了数据泄露。联盟链虽不能做到完全去中心化,但是多中心的存在仍可以改善信任问题,并且具有中心化容易控制的特点。鉴于此,政府部门间协调可以尽可能选取在特定的或自有的联盟链上建立和开发智能合约。

　　智能合约在广泛的应用中暴露出了部分安全问题和隐私威胁,需要政府部门在使用智能合约时充分考虑安全因素。比如,2017 年到 2018 年,黑客利用智能合约代码漏洞,分别在 Parity 和 Coincheck 平台上窃取了价值 3000 万美元和 5.3 亿美元的数字货币。以太坊智能合约的安全问题和隐私威胁主要是由于编程语言在调用代码时存在漏洞以及恶意攻击者的匿名性所致。政府部门间协调采用联盟链,通过设置准入门槛等条件,可以控制和规避部分匿名攻击者造成的安全问题。另外,政府部门间协调在嵌入智能合约机制后,需要引入包括算法审计、数据审计在内的安全审计制度,以确保政务系统的绝对安全。

四、智能合约嵌入政府部门横向协调的实践条件和法律约束

　　运用智能合约干预政府部门间的协调,除了要考虑编程语言、信息安全等技术因素,还需要分析和斟酌协调过程如何才能符合部门间协调的实践逻辑和法律约束。具体而言,需将上文所概括的政府部门间协调内容、协调机构和协调方法编制为标准的政府合同,然后方能纳入智能合约技术流程框架。其转化过程不仅需要符合政府对合同的合法性规制,还需要从表达方式、嵌入时机等角度进行合规化分析。

(一)协调要素纳入智能合约的可行性和条件

　　协调要素纳入智能合约的逻辑前提是政府部门间协调及执行过程可以进行形式化描述,并且以自然语言签订明确的协议,阐明协调机构以及参与部门之间的权利义务关系。协调机构在协议中表现为权利义务主体和当事人,凡有相应任务和职责的参与协调的部门都列入协议方。协调机构的主要职责是

分配任务、设置任务完成的指标和时间、订立争议纠纷处置的规则、明确资源配置等涉及决策的内容。合同各方的定义方法，可以按照其职责中最重要的部分加以说明。协调机构、协调委员会等决策机构以分配任务作为定义，参与协调的部门以任务中最紧要的部分作为定义。共同完成同一任务但是所处阶段不同的部门，可以按照任务时间序列顺序加以区分和定义。

智能合约的最大特点是可以按照协议自动处置资产，不依赖第三方监督，并且可以进行安全、准确的回溯。当事人在区块链上进行的财产交易和交接，按照智能合约的预先安排进行自动化处置。通常来讲，智能合约处置的资产是数字货币或虚拟货币，智能合约通过奖励矿工"挖矿"或者对交易行为"收费"来记录数据并促进系统安全。而且，智能合约作为不依赖第三方的自动化合约，也可以实现对现实"财、物"的处置，以实现参与人更广义上的交易活动。比如，参与人交易商品，买家可以按照约定好的价格将货币转入合约系统的账户，卖家收到系统到账的信号后发出货物，买家收到货物查验完好后向合约系统发出信号，合约系统按照合约将货币转入卖家账户之中。政府部门间协调所涉及的协调机构与部门之间、部门与部门之间的协调配合活动可以视为智能合约参与人间的交易活动，其间协调的具体内容即可视为交易的物品，可以为智能合约系统进行处置。协调要素中的"资源"体现为人事、财政和设备物品，而协调要素中的"任务"更多地表现为任务执行的责任。任务在部门之间分配和交换，体现为执行任务的事权按照合约涉及的流程进行自动化流转。实在的资源可以由智能合约按照资产进行自动化处置，而任务、权力和责任等无形之物无法"收货"，但是可以由接受方的参与者上报合约系统进行"记录"。一旦"记录"符合合同约定，自动拨付相应的资源，实现自动化处置资产的目的。记录虽然可以保留在区块链中，但是作为工单流程之一，由部门自己上传结果并进行流转无法进行有效监督，还应附以相应的工作记录和证明材料。以任务为核心的协调内容进行协议化和文本化转化，符合实践中部门协调部分的任务衔接和资源交换的实践逻辑。其过程还要注意任务与资源、权力、责任等相互匹配的情况要在合同订立之前进行商议。

部门间协调所采用的两种方法——程序性协调和结构性协调,需要运用部门间新增交易和提请仲裁的方式与智能合约系统相结合来实现。程序性协调主要方面是订立规则后部门间按照最初协议的部署,在共同执行任务的相关流程,以实现相互的配合与协调。程序性协调还有部分涉及政府部门间就任务执行中发现的新问题,或者面对任务部署时未曾考虑到的情况进行简单协调的情况。此时,往往部门之间可以就简单问题进行沟通协调,其方式可以由某一需求方发起帮助交易申请,另外一供给方根据任务和相应资源匹配情况,再考虑接受任务与否,或者持续沟通直至双方满意。部门间在执行任务中也会遇到无法达成一致的情况,需要引入结构性协调,也就是协调机构或者高层权威进行干预。发生争议的部门可以提出争议仲裁申请,将工作情况和争议诉求提交协调机构,由协调机构或高层权威根据区块链系统中任务执行的记录以及所提交的说明给予裁决。如果情况复杂,争议部门可以提请召开部门协调会议,由协调机构和高层权威进行裁决。该机制可以设置相对更高的触发条件,需由达到全体的一定比例方可实现,以防止个别部门滥用权力。具体实施可以通过智能合约的投票功能来实现。

(二)智能合约纳入协调流程的可行性和时机

智能合约作为自动执行的智能化协议系统,并不适合应用于政府部门间协调的所有过程。政府部门在协调过程中会进行制定规则、分配任务等决策活动,即便在任务执行过程中也会新生一些需要重新商讨的未尽事宜。此过程需要反复沟通、均衡各种因素最终才能形成确定的安排部署,难以使用智能合约进行干预。但是在规则建立之后,任务、流程、资源配备以及各部门权责明确后,智能合约就可以介入任务的推动和执行以及部门间简单的协调进程。

在顶层设计阶段,由于协调机构面对的总任务不同,且资源配置、地方政策、参与机构均存在一定程度的差异,难以对议事协调过程中任务分配、规则订立等决策行为进行规律化描述,无法形成固定流程的议事模型,智能合约更是无法自动化执行。虽然智能合约难以直接介入协调机构议事决策过程,但是在顶层设计阶段政府部门仍需要做好签订协议等准备工作,为智能合约自动化执行决策结果创造条件。协调机构需设置专门机构和人员,负责部门间协议的准备和起草工作,将议事形成的任务分配方案、权力责任配备、资源调配情况、任务时间节点等情况逐一记录并与责任部门确认,并在各方确认后形成文字性的部门间协议。负责起草部门间协议的部门,最好是由协调机构的常设机构担任,如领导小组办公室。既具有相当的权威性,职能上又负有记录议事过程的责任。

在资源配置阶段,智能合约可以充分发挥自动化执行以及数据安全可追溯的特点,自动完成任务、资源在部门间的交接流转,并将部门间的主要行为和任务执行结果记录在区块链系统上。首先,按照事先议事约定的规则,协调机构的常务机构将自然文本的部门间协议转化为机器可以识别的智能合约,并进行内容一致性的检验。然后,智能合约自动运行,任务事权以及人员和财物在不同部门间自动调配。由于不同部门在执行任务的不同部分时,有的可以独立完成部门间平行推进,有的则需要按流程逐步推进,因此就涉及任务事权在不同部门间流转。如果发生协议未曾考虑或考虑不足的情况,部门间需要重新协调局部资源和权利,可以由需求部门直接向供给部门发起交易申请,以协商的相应资源在区块链上交易任务事权。如果需求部门无资源可以交易,则应记录供给部门的协助情况,以备后续协调或者监督方回查。

在总结推广阶段,智能合约可以介入任务执行过程的总结评价、改善和创新任务执行流程、服务任务执行常态化等行为过程之中。政府部门间协调在任务执行完毕后,需要整体梳理智能合约系统所记录的任务事权转移情况,审查各个部门在任务执行重要节点上传的行为记录以及证明材料,评判各部门之间自发进行的任务协调交易,并依此对各个部门任务执行情况给予最终评价。除此以外,协调机构还要对任务执行的总流程进行效率性评价,对可能改进的环节进行优化改进,为临时的协调任务成为各个部门今后的常态化工作提供更多的便利和规范。协调任务常态化之后,智能合约系统仍旧可以发挥监督和规范流程的作用。

（三）政府部门间协调协议的合法性约束

自动执行的智能合约也不能离开合法性的约束,就好像在某种意义上,一部契约自由的历史是契约如何受到限制而促进实践契约正义的记录。政府协调机构以签订部门间协议的方式,明确协调各方在任务执行中的权利和责任。部门间协议作为部署自动化执行的智能合约"蓝本",除了应该满足部门间协调的实践逻辑和智能合约运行的技术逻辑以外,还应该符合法律的原则与规范,以便符合各部门在临时性协调任务转入常态化工作后分工的规范性和合法性。政府部门间协议属于行政协议,具有行政性和协议性的双重属性:一方面要满足行政法规对行政机关合同行为的约束;另一方面还要满足民事法规对法律主体间契约行为的约束。

行政协议合法性审查考察的是协议所涉单位的主体职权,协议订立的程序和形式,以及协议的文本内容。行政协议不同于民事合同,行政主体作为公共权力的掌握者,不仅应当履行其公共职责,而且在与行政相对人的纠纷争议中处于强势位置。所以,行政协议合法性审查置于首位的便是行政机关是否拥有协议中表示的行政职权。而政府部门间协调协议与一般的行政协议不同,应当重点审查部门间合意性和契约性,弱化审查各部门主体职权的合法性。原因在于,政府在部门间协调过程中,所执行的任务因具有临时性或者由协调机构指派,协议中所负职责并不一定是该机构的行政职权范围。政府部门间协调签订协议的各方均为行政机构,也不涉及类似行政主体与民事主体间的地位差异。政府部门间协调协议更像是平等法律主体间签订的合意契约。政府部门间协调协议的订立程序合法性,主要考虑各签约方是否进行了充分的讨论、交流和表达,全面准确理解了协议内容。协议内容合法性审查应关注交易标的是否具有可交易性,以及是否破坏了相关行政法规的要求或者违反了相关行政管制规范。

五、智能合约嵌入政府部门横向协调的补充机制

鉴于智能合约并不能全过程、无缝式地嵌入政府部门横向协调的所有流程之中。智能合约所嵌入的部分由于技术尚未完善等原因,仍旧需要从管理角度补充若干机制,以使得智能合约嵌入部门间协调的过程更加高效、安全,最终形成不断自我完善和迭代优化的协调生态。

(一)监督查证机制

智能合约部署在区块链上,拥有去中心的特性,合约自动执行的过程会安全记录在可追溯的区块中,本无须设置额外的监督机制。但是政府所使用的区块链属于内部的联盟链,节点数量的减少使得安全性有所下降,节点间数据存在被修改的可能性。为防止数据被篡改,甚至联盟内成员联合造假的情况发生,政府协调机构应该在智能合约系统中设置囊括全局的监督机制。监督机制包括三个部分——全局监督、交易备案和部门复核。第一,全局监督由政府协调机构的常务机构设置并掌握,其功能仿若联盟中的任意节点,在联盟中其他节点联合欺诈时可以示警。全局监督还应具有任意的数据调阅(可读而非改变)权限,可以实时考察联盟节点的数据情况。第二,既然允许部门间根据新的情况进行局部交易,就应该要求生成新局部合约的部门,向协调机构提交交易情况的说明,备案待查。第三,智能合约是自动执行的,一旦自然文本的协议转化为机器可读的代码语言之后,便难于进行更改或者更改成本极高。为防止意思表示不准确或者被歪曲篡改,政府部门在协调过程的几个重要节点,如协调决策后的会议记录、协调协议最终拟定、自然文本协议向高级智能合约语言转化等几个意思表达过程中,应允许具体执行部门进行意思复核与协议编制的监督。

(二)争议处置机制

尽管本节对政府部门间协调进行了构成要素和发展阶段的抽象建模,可

以在相当的程度上概括政府部门间协调的过程和特征,但是具体智能合约在干预协调的进程中,由于任务不同、行业不同、地域不同必然仍存有大量未考虑之情况,会出现在智能合约系统运行之后。智能合约自动执行的特点,带来执行过程连续强制力的同时,也决定了其一旦运行就难以停止进行重新部署。已有研究提出违约可能是智能合约执行过程的一种必然,应该预先在智能合约之中编排和设置纠纷处置程序,对违约机构进行相应的处罚。除了预先设置的程序,政府协调机构还可以为部门内部协调创造资源空间和条件。在为各部门配备相应资源时,协调机构可以给任务难度大、执行路径模糊的部门额外多配备资源,并允许部门之间建立任务执行流程之外的局部协调机制。有需求的部门可以就智能合约订立时未曾设计的内容,向其他部门提出协调要求并在智能合约系统上形成交易。配备的资源也可以是事后的补偿,比如经协调机构认可的任务贡献度或绩效考核指标等。如遇部门内部间始终无法协调的情况,而且已经达到影响任务执行流程向前推进的程度时,可以设置多部门联合投票制度,达到一定比例后经由协调机构审批中止程序自动运行。另外,协调机构在涉及任务流程时,应采用多线程的模式,减少总任务线对固定部门和节点的依赖。总之,智能合约的自由执行需要争议时的解决机制作为保障。具体的争议解决方案还需要考察具体的问题,以及涉事部门对规则自由程度的认知来实现公平。就好像 18 世纪基于公法和私法对合同自由程度的考察,法院虽然转变了对合同自由的普遍干预,但是还会依据以正义为核心的制度,依靠重新解释和搜索判例等方式实现对正义的追求。

(三)评价考核机制

智能合约系统在技术上并不完善,机器代码系统与实践协调体系的融合也非一夕之功,需要系统在实践中不断地运行迭代进而优化完善。政府在运用智能合约干预部门协调时,还需建立系统的评价考核机制,以推进系统的迭代升级,提高部门在系统中运行智能合约的效能。评价考核机制包括两个方面:一是系统技术应用的评价及优化迭代策略;二是部门在任务执行中的表现考核评价机制。评价智能合约系统的技术应用成效,关键在自然文本协议的撰写技术、自然语言文本向机器代码的转化技术以及任务多线程的流程设计技术上。自然文本协议撰写技术主要考察各部门表意准确程度,以及后续向机器代码转化、任务流程设计的便利程度。评价自然语言文本向机器代码转化的指标,主要是系统出现错误情况、运行的流畅程度以及运行结果与本节协议的合意程度。评价任务流程设计的好坏主要依据任务流程中部门衔接顺畅程度以及部门支线任务的独立程度。考核部门时,不仅仅要看任务指标完成情况,还需要查看其在自己任务线上智能合约运行情况。因为,智能合约运行顺利自然要归功于部门的良好配合和主动作为。建立评价考核机制是为了形成智能合约循环迭代进化的功能。顺利运行的正向反馈与出现错误的负向反馈,以及协调实践的逻辑与技术运转的逻辑结合的情况相互结合,不断为系统提供优化和修正的信息。

六、结语

在科层制政府组织中,探讨智能合约嵌入横向部门间协调机制的可能效果和可行路径,无疑是具有一定的前瞻性和风险性的探索与尝试。但是,随着数字政府建设的浪潮持续冲击,未来政府部门之间、职能模块之间的间隙必然愈来愈小,平台式、整体式和智能式数字政府样态的到来可能并非遥远的想象。横向地黏合政府部门,讨论智能合约作为可能的工具就不能只停留在内涵、价值和逻辑契合性上,更需要不断沿着科学性和可行性的方向向前推进。因此,本节结合计算机科学的最新成果,分析和论证了智能合约可以通过自然本节协议,经由高级计算机语言的翻译与转化,向计算机可识别的机器语言的转变可能,并且从介入时机、合规性、安全性、监管和争议处置机制等多角度把握了其全方位的可行性。

上述研究结论为科层制组织突破横向协调的路径依赖困局,提供了更加多元的理论空间和解释路径,同时也更加科学地指出了数字化变革可能为政府组织结构转型提供的演进方向,深化了我们对治理体系现代化的理解。最后,尽管实践中智能合约应用于政府部门间横向协调的进展还比较薄弱,但是随着技术不断完善,政府对数字技术的驾驭能力和思维理念不断深化,以数据共享等工作为尝试和起点,智能合约完全有可能成为桥接数字政府组织和功能的工具。例如,北京市政府已经先行一步,通过区块链技术将政务服务目录体系进行统一管理,详细梳理了政务信息资源的范围和关系,向社会大众提供资源查询等服务。

本章参考文献

[1]周望.超越议事协调:领导小组的运行逻辑及模式分化[J].中国行政管理,2018(03):113-117.

[2]刘新萍,王海峰,王洋洋.议事协调机构和临时机构的变迁概况及原因分析——基于1993-2008年间的数据[J].中国行政管理,2010(09):42-46.

[3]叶托.国务院议事协调机构的变迁及其逻辑[J].中国行政管理,2015(12):28-33.

[4]刘军强,谢延会.非常规任务、官员注意力与中国地方议事协调小组治理机制——基于A省A市的研究(2002~2012)[J].政治学研究,2015(04):84-97.

[5]周志忍,蒋敏娟.中国政府跨部门协同机制探析——一个叙事与诊断框架[J].公共行政评论,2013,6(01):91-117+170.

[6]李文钊,蔡长昆.整合机制的权变模型:一个大部制改革的组织分析——以广东省环境大部制改革为例[J].公共行政评论,2014,7(02):97-118+172-173.

[7]石亚军,施正文.我国行政管理体制改革中的"部门利益"问题[J].中国行政管理,2011(05):7-11.

［8］华劼.区块链技术与智能合约在知识产权确权和交易中的运用及其法律规制［J］.知识产权,2018(02):13-19.

［9］柴振国.区块链下智能合约的合同法思考［J］.广东社会科学,2019(04):236-246.

［10］王毛路,陆静怡.区块链技术及其在政府治理中的应用研究［J］.电子政务,2018(02):2-14.

［11］NIRANJANAMURTHY M, NITHYA B N, JAGANNATHA S. Analysis of Blockchain Technology:Pros, Cons and SWOT［J］. *Cluster Computing* , 2018(05).

［12］WEN-HSUAN TSAI, WANG ZHOU. Integrated Fragmentation and the Role of Leading Small Groups in Chinese Politics［J］. *The China Journal* ,2019(82).

［13］JUN M S. Blockchain Government - A Next Form of Infrastructure for the Twenty-first Century［J］. *Journal of Open Innovation:Technology, Market, and Complexity* , 2018(04).

［14］习近平:高举中国特色社会主义伟大旗帜 为全面建设社会主义现代化国家而团结奋斗——在中国共产党第二十次全国代表大会上的报告［EB/OL］.(2022-10-25)［2022-12-09］http://www. gov. cn/xinwen/2022-10/25/content_5721685. htm.

［15］［德］马克斯·韦伯.经济与社会（第二卷）［M］.阎克文,译.上海:上海人民出版社,2010 年.

［16］［澳］欧文·E·休斯.公共管理导论(第三版)［M］.张成福,等,译.北京:中国人民大学出版社,2007 年.

［17］MICHAEL E. MILAKOVICH. Digital Governance:New Technologies for Improving Public Service and Participation［J］. *International Review of Public Administration* , 2012(17):175-178.

［18］国务院关于加强数字政府建设的指导意见［EB/OL］.(2022-06-

06)[2022-12-09]http://www. gov. cn/zhengce/content/2022-06-23/content_5697299. htm.

[19]Alexander Savelyev. Contract Law 2. 0: Smart Contracts as the Beginning of the End of Classic Contract Law. [J]. *HSE Working papers*, 2016(26).

[20]朱光磊. 当代中国政府过程[M]. 天津:天津人民出版社,2008 年.

[21]巴达赫著. 跨部门合作:管理"巧匠"的理论与实践[M]. 周志忍,张弦,译. 北京:北京大学出版社,2011 年.

[22]刘军强,谢延会. 非常规任务、官员注意力与中国地方议事协调小组治理机制——基于 A 省 A 市的研究(2002~2012)[J]. 政治学研究,2015(04):84-97.

[23]周雪光. 组织社会学十讲[M]. 北京:社会科学文献出版社,2003 年.

[24]胡业飞. 组织内协调机制选择与议事协调机构生存逻辑——一个组织理论的解释[J]. 公共管理学报,2018,15(03):27-38+155.

[25]周望. "领导小组"如何领导?——对"中央领导小组"的一项整体性分析[J]. 理论与改革,2015(01):95-99.

[26]刘鹏,刘志鹏. 工作专班:新型议事协调机构的运行过程与生成逻辑[J]. 中国行政管理,2022(05):13-21+49.

[27]周志忍,蒋敏娟. 整体政府下的政策协同:理论与发达国家的当代实践[J]. 国家行政学院学报,2010(06):28-33.

[28]保罗·A·萨巴蒂尔主编. 政策过程理论[M]. 彭宗超,等,译. 北京:生活·读书·新知三联书店,2004 年.

[29]魏巍. "智能合约"能解决政府部门间的协调问题吗?——基于逻辑理性和技术理性的双重视角[J]. 北京行政学院学报,2021(03):62-69.

[30]KASPRZYK K. The Concept of Smart Contracts from the Legal Perspective[J]. *Review of Comparative Law*vol. 2018,34(03).

[31]王迪,秦博涵,宋伟静,等. SPESC:面向法律的智能合约设计与实践[J]. 网络空间安全,2020,11(09):39-46.

[32]朱岩,秦博涵,陈娥,等.一种高级智能合约转化方法及竞买合约设计与实现[J].计算机学报,2021,44(03):652-668.

[33]贺海武,延安,陈泽华.基于区块链的智能合约技术与应用综述[J].计算机研究与发展,2018,55(11):2452-2466.

[34]郭上铜,王瑞锦,张凤荔.区块链技术原理与应用综述[J].计算机科学,2021,48(02):271-281.

[35]李猛.智能合约的风险研判与法律规制——以智能合约运行机制为视角[J].学术交流,2023(03):42-59.

[36]胡甜媛,李泽成,李必信,等.智能合约的合约安全和隐私安全研究综述[J].计算机学报,2021,44(12):2485-2514.

[37]张永忠,张宝山.算法规制的路径创新:论我国算法审计制度的构建[J].电子政务,2022(10):48-61.

[38]王泽鉴.台湾的民法与市场经济[J].法学研究,1993(02):62-78.

[39]张向东.论行政协议合法性审查与合约性审查的关系[J].江苏社会科学,2020(02):119-127.

[40]陈天昊.行政协议合法性审查机制的构建[J].法学,2020(12):159-175.

[41]Liudmila Lyudmila Efimova,Olga Sizemova and Alexey Chirkov. Smart Contracts:between Freedom and Strict Legal Regulation[J]. *Information & Communications Technology Law* ,2021(30):1-21.

[42]Larry A DiMatteo, Poncibò Cristina. Quandary of Smart Contracts and Remedies:The Role of Contract Law and Self-Help Remedies[J]. *European Review of Private Law*. 2019(26):805-824.

[43]Michael Buchwald. Smart Contract Dispute Resolution:The Inescapable Flaws of Blockchain-Based Arbitration[J]. *University of Pennsylvania Law Review*, 2020(168):1420—1422.

[44]P. S. Atiyah. *The Rise and Fall of Freedom of Contract*[M]. New York:

Oxford University Press,1985.

[45]樊博,于元婷.数字政府建设中的区块链技术应用[J].东吴学术,2022(05):56-63.

[46]Rutgers M R. As Good as It Gets? On the Meaning of Public Value in the Study of Policy and Management[J]. *The American Review of Public Administration*, 2015, 45(01): 29-45.

[47]Hartley J,Alford J,Knies E,et al. Towards an Empirical Research Agenda for Public Value Theory[J]. *Public Management Review*, 2017, 19(05): 670-685.

[48]Bryson J M, Crosby B C, Bloomberg L . *Creating Public Value in Practice: Advancing the Common Good in a Multi-sector, Shared-power, No-one-Wholly-in-charge world*[M]. Carabas:CRC Press, 2015.

[49]MOORE M H. *Creating Public Value: Strategic Management in Government*[M]. Cambridge:Harvard University Press, 1995.

[50]MOORE M H. *Recognizing Public Value*[M]. Cambridge:Harvard University Press,2013:101-105.

[51]Ferry L, Ahrens T, Khalifa R. Public Value, Institutional Logics and Practice Variation during Austerity Localism at Newcastle City Council[J]. *Public Management Review*, 2019, 21(01): 96-115.

[52]De Graaf G,Huberts L,Smulders R. Coping with Public Value Conflicts[J]. *Administration & Society*, 2016, 48(09): 1101-1127.

[53]Meynhardt T. Public Value inside: What Is Public Value Creation?[J]. *Intl Journal of Public Administration*, 2009, 32(3-4): 192-219.

[54]Panagiotopoulos P,Klievink B,Cordella A. Public Value Creation in Digital Government[J]. *Government Information Quarterly*, 2019, 36(04): 1-8.

[55]王学军,陈友倩.数字政府的公共价值创造:路径与研究进路[J].公共管理评论,2022,4(03):5-23.

[56]刘银喜,赵淼.公共价值创造:数字政府治理研究新视角——理论框架与路径选择[J].电子政务,2022(02):65-74.

[57]Osborne S P,Nasi G,Powell M. Beyond Co-production: Value Creation and Public Services[J]. *Public Administration*, 2021, 99(04): 641-657.

[58]De Graaf G,Paanakker H. Good governance: Performance Values and Procedural Values in Conflict[J]. *The American Review of Public Administration*, 2015, 45(06): 635-652.

[59]昌诚,张毅,王启飞.面向公共价值创造的算法治理与算法规制[J].中国行政管理,2022(10):12-20.

[60]唐要家,唐春晖.数据价值释放的理论逻辑、实现路径与治理体系[J].长白学刊,2022(1):98-106.

[61]李海舰,赵丽.数据价值理论研究[J].财贸经济,2023,44(6):5-20.

[62]肖旭,戚聿东.数据要素的价值属性[J].经济与管理研究,2021,42(7):66-75.

[63]付熙雯,郑磊.开放政府数据的价值测量:特征与方法的比较研究[J].图书情报工作,2020,64(19):140-152.

[64]Janssen M,Charalabidis Y,Zuiderwijk A. Benefits, Adoption Barriers and Myths of Open Data and Open Government[J]. *Information Systems Management*, 2012, 29(04): 258-268.

[65]门理想,王丛虎,门钰璐.公共价值视角下的政府数据开放——文献述评与研究展望[J].情报杂志,2021,40(08):104-110.

[66]郑磊.开放政府数据的价值创造机理:生态系统的视角[J].电子政务,2015(07):2-7.

[67]Dawes S S,Vidiasova L,Parkhimovich O. Planning and Designing Open Government Data Programs: An Ecosystem Approach[J]. *Government Information Quarterly*, 2016, 33(01): 15-27.

[68]黄如花,何乃东,李白杨.我国开放政府数据的价值体系构建[J].图

书情报工作,2017,61(20):6-11.

[69]Michael Buchwald. Smart Contract Dispute Resolution: The Inescapable Flaws of Blockchain-Based Arbitration[J]. *University of Pennsylvania Law Review*, 2020,(168)1420—1422.

[70]P. S. Atiyah:The Rise and Fall of Freedom of Contract, New York: Oxford University Press,1985:403.

[71]樊博,于元婷.数字政府建设中的区块链技术应用[J].东吴学术, 2022(05):56-63.

[72][德]马克斯·韦伯著.经济与社会:上卷[M].林荣远,译.北京:商务印书馆,1997.

[73]马英娟.走出多部门监管的困境——论中国食品安全监管部门间的协调合作[J].清华法学,2015(03):35-55

[74]陈吉栋.智能合约的法律构造[J].东方法学,2019(03):18-29.

[75]倪蕴帷.区块链技术下智能合约的民法分析、应用与启示[J].重庆大学学报(社会科学报),2019(11):170-181.

[76]张楠,赵雪娇.理解基于区块链的政府跨部门数据共享:从协作共识到智能合约[J].中国行政管理,2020(01):77-82.

[77]柴振国.区块链下智能合约的合同法思考[J].广东社会科学,2019 (04):236-246.

[78]郭少飞.区块链智能合约的合同法分析[J].东方法学,2019 (03):4-17.

[79]Max R. The Law and Legality of Smart Contracts[J]. *Georgetown Law Technology Review*,2017(02):305-327.

[80]Stefan T, Frank T. *Towards a Taxonomy for Smart Contracts*[C]. Twenty-Sixth European Conference on Information Systems, 2018:12-27.

[81]夏沅.区块链智能合约技术应用[J].中国金融,2018(03):81-82.

[82]李积万.我国政府部门间协调机制的探讨[J].汕头大学学报(人文

社会科学版),2008(06):62-66.

[83]Niranjanamurthy M, Nithya B N, Jagannatha S. Analysis of Blockchain Technology:Pros, Cons and SWOT[J]. *Cluster Computing*, 2018(05).

[84]Wen-Hsuan Tsai,Wang zhou. Integrated Fragmentation and the Role of Leading Small Groups in Chinese Politics[J]. *The China Journal*,2019(82).

第三章　政府数字化转型中的监管职能变革

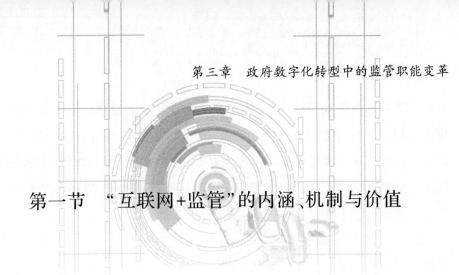

第一节 "互联网+监管"的内涵、机制与价值

在当前市场主体日益趋向"数智化"的背景下,政府积极响应、着力推动并深入实施"互联网+监管"的转型[1]。自2019年至2021年,一系列关键政策文件如《国务院关于开展营商环境创新试点工作的意见》和《国务院关于取消和下放一批行政许可事项的决定》均清晰强调了"互联网+监管"的理念[2]。"互联网+监管"在实务领域备受瞩目,引发关注的原因有三。

首先,在现今的市场各类趋势之中,最为显著的是数字平台具有智能化和垄断化能力。这与移动互联网的飞速发展密不可分,它不仅引发了商业结构的革新,也孕育了崭新的商业模式。特别是新兴的高效共享经济与平台经济模式,极大程度上消解了传统产业的边界,重塑了市场格局,同时,平台企业凭借对海量数据的掌握——涵盖用户数据、行为轨迹等——得以运用现状分析、策略规划及精密算法控制。但是,传统的政府监管模式,依托于过时的思维、人工执行的局限以及部门分治的体制,在应对创新的市场主体时显得力不从心。监管体系需持续进行深度的改进和升级。

其次,在行政审批制度改革不断深入的背景下,对监管机制的创新升级提出了迫切需求。从过去"一枚印章管全局"的行政审批模式演变至今,改革已迈向"告知承诺制"与"备案制"的新阶段,其目的在于简化行政手续,持续优化营商环境、治理营商环境。理想的市场环境与公平的竞争态势不仅依赖于单纯的"放松"措施,更需要通过精确且有效的"监管"手段来维护[3]。"宽进"政策应伴随"严管"执行,即在前置审批权下放的同时,确保事中和事后的监管机制能够有效衔接和执行。然而,传统的监管框架与方法往往难以有效适应并承担起改革后分配的权限与义务,行政审批改革的核心在于权力下放。但传统的监管模式表现为部门间各自审查,缺乏有效的横向协作,主要依赖于执法人员的现场监督。这种监管方式若强化并严格执行,势必将对企业的日常运营造成显著干扰,与简化行政手续的初衷相违背。

最后,顺应国家数字政府战略的导向,监管职能被定位为政府首要的数字化转型任务。当前的正处在蓬勃发展的数字政府建设,远非单纯地将信息技术引入政府体系,即线上化实体行政和转化为移动服务。而是借助于数字技术的深度渗透和双重推动,即通过技术赋权与技术赋能,对政府的组织架构和运作模式进行全方位的革新和深刻的转型。建立的数字化政府以数据为驱动力,实现平台的一体化整合,并具备智能化的应用功能。管理活动同样需要通过数字途径来储存相关的互动、过程以及执行效果的数据。此外,数字化变革及其重构对于缓解旧有行政结构中部门合作阻碍是有益的。尽管社会与政府对此需求迫切,但学术界对于"互联网+监管"的研究却相对不够充分。近期,关于"政府服务+互联网"的学术探讨在学界受到了广泛关注,且已经开展了深入的研究,相关文献汗牛充栋。但对"互联网+监管"的研讨与剖析却显得不够充分,深入解读的文本相对较少,相关议题还未经历彻底且深入的探讨[4]。

基于此,本节重点关注它在政府文件中的详细发展为起始,结合对国务院办公厅试点城市 A 推进"互联网+监管"工作的实践创新的探索,深入分析了"互联网+监管"的内涵范围、实施逻辑和深远的价值内涵。

一、"互联网+监管"的内涵

"互联网+监管"的概念源于实践层面的政府行动,屡次在国务院常务会议和政府工作报告等官方文献中被提及它的形成背景多元,蕴含了简政放权、放管结合、互联网平台治理、新技术赋能政府等深层次概念。接下来,文章将从政策文件和学术研究两个维度,探讨和整理"互联网+监管"模式的起源及其核心要义。

(一)政策文件中的"互联网+监管"及其演化

"互联网+"理念的孕育直接关联于"互联网+"这一创新词汇模式的形成。在2015年初发布的政府工作报告中,"互联网+"这一理念初次被正式引入政府文献之中。"互联网+"实质上是互联网与传统产业的深度融合,通过引入互联网的技术和创新理念,为传统行业注入新的动力和增长潜力。可以看出,"互联网+监管"的诞生,本质上源于监管需要互联网的技术及理念的融合相关。

在2015年5月的全国电视电话会议中,关于深化简政放权与监管协同改革的议题被强调,鉴于当时新经济主体的迅速增长,指出若监管措施未能及时跟进,可能会导致市场秩序的混乱加剧。2015年10月,国家最高行政机构的领导强调,监管政策应与市场变化保持一致,"互联网+"的浪潮为企业的运作和管理模式带来了创新,因而,调整政府的监管方式以适应这种发展潮流是至关重要的。

"互联网+"的含义不仅涉及监管需顺应市场主体新的发展动态,还强调了监管应采纳先进技术,挖掘创新思维,并相应地革新其组织方式。在2015年至2017年的"全国放管服改革电视电话会议"上强调了利用大数据、云计算和物联网等先进技术,积极探讨实施"互联网+监管"的创新策略。

2018年,"互联网+监管"的建设项目得到了正式批准。在2018年,国务院召开的全国深化"放管服"改革转变政府职能电视电话会议上明确提出了推动跨部门协同监管以及实施"互联网+监管"模式。在2018年10月22日的国务院常务会议上,明确规划了建立国家"互联网+监管"体系的决策,旨在推动政府监督工作的规范化、精准化、智能化。

自2018年已来,"互联网+监管"的实践超越了初期的理念层面,转变为具有实质操作性的工作任务,随着概念在官方文件中明确阐述,更为详尽的分解工作与实施策略得以开展。《国务院关于加强和规范事中事后监管的指导意见》(国发〔2019〕18 号)中明确了厘定监管权限,地方当局需详尽整理监管责任清单,并强调通过增强信用监管能力,全面推行"双随机、一公开"的监管模式。《国务院关于印发"十四五"市场监管现代化规划的通知》(国发〔2021〕30 号)明确指出要强化"互联网+监管"的实施策略,特别强调了优化信息汇集与公开机制以及深化信用风险分级管理制度的构建。

近年来,"互联网+监管"常伴随营商环境优化的相关文献出台,其紧密关联于政府的商事制度改革,深度践行以"开闸放水"为主题的审批改革政策密切相关。《国务院关于深化"证照分离"改革进一步激发市场主体发展活力的通知》(国发〔2021〕7 号)提到强调了持续推动跨部门的常规协同抽查制度化。《国务院关于开展营商环境创新试点工作的意见》(国发〔2021〕24 号)提到明确强调了加速建立全国一体化的在线监管体系。

"互联网+监管"在政务环境中经历动态演变并适应周围环境的变迁,说明其诞生初衷就是为应对接踵而至的"互联网+"对市场实体的深刻影响。其底层逻辑在于,政府凭借"互联网+"技术赋能,有效地适应和管理市场主体在数字化转型中的新趋势和运作模式。"互联网+监管"模式在不断的发展过程中,已经成为营商环境治理总体框架的一部分。行政批准权限的下放与创新的监管策略在事中和事后监管中,构建了一个互补的动态系统,这两者的合作促进了一个公平和有秩序的市场系统的形成。

(二)学术文献中的"互联网+监管"及其演化

"互联网+监管"是一个结合了"互联网+"理念与"监管"职能的术语。在这里,"监管"是核心要素,而紧随其后的修饰性描述进一步明确了其特定的意义。"互联网+"与"监管"相结合,形成了一个具有明确指向和内涵的复合概念。"监管"在学术领域具有特定的专业含义和关注焦点。在中文语境中,"监管"一词在语义上更接近于英文的"regulation",而不是"supervision"。从学术的角度来看,"监管"可以与"规制"或"管理控制"相等同。美国学者丹尼尔·F. 史普博(Daniel Spulber)[8]将这类行为定义为行政机关所采取的、目的在于直接干预市场运作或间接影响企业与消费者供需决策的具体规章或措施。日本学者植草益(Masn Ueknsa)[9]的定义并未明确规定监管行动的执行者,然而其核心观点明确指出,监管本质是一种针对特定行业实施的约束性措施。

互联网技术的新兴浪潮为监管领域开辟了前所未有的机遇与能力,众多学者正在积极探索"互联网+监管"这一技术背景下的深层含义。黄璜和成照根[12]认为,"互联网+监管"是理论上的"regulation"与技术上的"supervision"的结合,这种创新利用了新技术,实现了资源和权限的灵活调配,并有效地整合了相关的数据和信息。传统互联网技术加政府职能的线性累加模式难以阐述其深刻的理念和体系影响。郁建兴和朱心怡[13]深入了西方发达国家监管实际,总结了监管模式与技术潮流之间的演变关系特征,并从主体、手段等多个角度,对"互联网+监管"这一概念进行了更为具有前瞻性的阐释。

概念界定本质就是明确划定一个界限,不仅限于详尽阐述该范畴内的部分,更关键的是要清晰地区分并排除其外部的相关区别性的部分。西方学术界曾提出"电子监管"这一概念,无论用 E-Regulation 还是用 E-Supervision 表述,其核心理念均涉及政府机构通过电子科技手法对私营部门特定行为实施监督和管理。另外,近些年金融行业见证了"监管科技 (Regtech)"的盛行,其核心概念是通过应用尖端技术,旨在提升金融机构的监管效率和有效性。其构造原理与"互联网+监管"模式相似,均借助创新科技强化和赋能监管,然而,"互联网+监管"的理念超越了单纯的技术视角或工具运用层面。其内涵更为广泛,与监管体系、监管对象、监管范畴等工作内容有更加密切的关系。

(三)"互联网+监管"的内涵范畴

上文采用了从实践到理论,再从理论到实践的循环方法,深入探讨并系统阐述了"互联网+监管"的核心实质。现有的研究文献普遍认为,"互联网+监管"的内涵体现在"互联网+"与"监管"相结合后形成的新概念,即利用互联网技术革新传统的监管手段,以提高在数字时代对监管对象的有效管理和效率优化。上述讨论的"互联网+监管"主要侧重于这一概念作为工具属性和技术在提高监管效率方面的应用。它集中于运用互联网技术来创新监管方法,特别是针对新出现的监管对象。因此,"互联网+监管"常被理解为一种技术监管,或者针对高技术的监管。然而,按照马英娟[18]对监管概念的精辟分析,互联网加监管的本质应该是多样化且具有容纳性的。不应仅限于方法论的领域,而应更深入地探讨实证主义和价值观,以便全面评价"互联网+"带来的巨大影响。

相比传统的监管体制,"互联网+监管"预示着一场广泛且深远的系统性变革(见表3.1)。在管理机构的角度观察,实施"互联网+监管"政策将重塑历来仅由若干政府机构主导的监管模式,赋予行业组织和网络平台辅助监管的新职责。在管理活动中,监察机构展现了与互联网时代同步的思考模式,深入洞察并接受了新兴平台的运作机制,以及大数据和人工智能等尖端技术的重要性。利用大规模数据集和机器学习等前沿技术,实施对算法规避监管行为的监管与限制。依赖大数据和云技术,"互联网+监管"显著拓宽和加深了监管的触及范围,实现了众多行业和对象的即时监督。随着科技的进步,监管策略经历了革命性的改革。以网络为中心的创新监管模式,超越了传统依赖人工审核的边界,融入了物联网、大数据挖掘、云计算等尖端科技,构建了一个范围广泛的风险预估体系以及远程监控和信誉评价结构。监管措施的优化,不仅提升了执法的公正性与效率,还大幅度减少了监管的遗漏区域,成功减少了可能的监管风险。在分析监管框架时,网络融合模式能够突破地域与职能的隔阂,消灭监管空白,提升各个机构之间的明确责任。在观察政府与市场的相互作用时,"互联网+监管"采用了数据整合、信誉评估和无接触等非实体技术手段。这种方法通过合作式的全面监督管理,大大减少了政府对企业日常运营的微观干预,确保了市场的公正与稳定。通过营造一个公正的市场环境,它激发了被监管对象的积极性。

在全面的审视之下,本节主张"互联网+监管"模式通过巧妙地整合了物联网、大数据、云计算和智能算法等前沿技术,并借鉴了移动互联网、互联网以及商业平台在创新思维、运营策略和前瞻性理念上的经验,塑造了一种能够适应各种经济形态的规范化、精确化、智能化的新型监管模式。这种革新性模式代表了对于旧有监管策略和观念的根本性转变与增强。

表 3.1　传统监管与"互联网+监管"的区别

概念指向	概念物	
	传统监管	"互联网+监管"
监管主体	行业思维下的单一主体	互联网思维下的多元主体
监管范围	静态的单一对象	动态的群体对象
监管手段	以经验为主	大数据、物联网等
组织机制	科层式	平台式
政府与市场关系	强干扰	弱干扰

二、"互联网+监管"的实践

"互联网+"监管的实质内容在不断发展演变,其理论内涵与中国各地丰富多元的行政实践紧密相连。要全面理解"互联网+监管"的实质,需要对其实践动态进行深入剖析和细致考察。自 2018 年始,诸如上海、天津、安徽、江苏以及河南等地的地方行政机构积极回应了国家倡导的"互联网+监管"体系,最早开展了对该体系的实际构建和开拓性试验。在 2021 年度,国务院直属机构指派 A 市开展了一项以"互联网+监管"为理念的多级协同创新试点项目。以下内容将以 A 市"互联网+监管"的试点项目为基础,深入探讨该项目的实施方法及其在基础建设、任务分工和系统架构三个关键方面的应用。下文将阐述如何通过数据共享来打牢项目前期基础,利用功能模块推动项目实施,以及依靠系统体系来实现整体协调。通过分析 A 市的实际操作案例,旨在清晰地揭示"互联网+监管"的内在含义和实践意义。

（一）"互联网+监管"的基础和前提

1. 牵头工作机制

"互联网+监管"工作是一项囊括多个行政部门及数据处理部门的复杂综合任务,其特性在于它是一个新颖且缺乏成熟实践经验的创新工程。该项目的成功履行仰赖于出色的沟通与协调技巧,以有效地联结多个部门,理想的牵头单位需要同时具备熟悉监管执法的实际工作经验和数据管理等电子政务的工作经验。"互联网+监管"并不具备与"互联网+政务服务"相同的运作机制,后者的责任主体通常源于审管分离后设立的行政审批机构。"互联网+监管"的实施缺乏一个自然而然的牵头部门来整体协调和领导。鉴于全国各地对这一工作的认知存在多样性,因此各个省份独立选择了各自的主导机构。江苏省明确将"互联网+监管"工作的核心领导职责赋予行政审批局(政务办),这一决定基于其先前成功推动了"互联网+政务服务"的革新,凭借在规范政务服务事项、重塑业务流程方面的丰富实战积累,行政审批局能够为全省的"互联网+监管"实施提供切实可行的参考案例和实操指导。相比之下上海、河南、浙江等地采取了不同的路径,它们选择以大数据管理中心作为推进"互联网+监管"工作的主导机构,其选择的主要依据是丰富的数据管理和系统构建的实践经验。某些地区选定市场监督管理局作为主导机构,鉴于其对监管执法程序和实务的深入理解。在 A 市,"互联网+监管"项目的主导执行机构是由市委网络信息办公室负责。网信办的优势在于其强大的跨部门统筹与协调能力,这得益于其作为党群工作核心部门的角色,负责范围广泛,包括舆论导向、宣传策略制定、意识形态管理以及社会稳定维护等多个方面,同时,该机构具备深厚的数据管理经验和电子政务构建知识,辅以直属的 A 市大数据管理中心,使其在执行相关建设项目时展现出全方位的能力和效率。

2. 数据共享机制

数据共享在实现部门间业务的有效衔接中起着关键作用,它能有效提升监管效率,是构建高效能平台化监管体系的前提要素和核心基础。第一,前期立法保障共享。A 市自 2018 年起便在立法层面奠定了数据共享的基础,通过颁布《A 市促进大数据发展应用条例》及相关政策措施。历经多载,该市始终坚守"应汇尽汇"的原则,有效实现了市级政府部门、各区县及主要公共服务机构数据资源的汇聚,这些数据已被顺利集成至政务云计算平台中。第二,三级网信体系推动共享。在 A 市,已构建了以党务管理数据,结合各级部门协同运作的高效数据管理体系。A 市在网信工作组织架构上的创新举措体现在多个层面,42 个市级政府部门各自设立了独立的网信办,与此同时,21 个部门及区级党政机关则将网信职能内置,并特别标识以突出其重要性。所有市属高校及街道、乡镇均单独设置了网信办公室,并通过组建网络信息员队伍向下延伸至社区和村一级,形成了"三级主体保障、四级机构建设、多层级不断完善的"立体化网信工作体系。三级网络信息安全体系为数据共享与流通构建了坚实的组织支撑。第三,场景需求策动共享。A 市聚焦于实战执法背景下的数据挖掘,旨在精准构建高效的风险预警模型,服务于监管需求。为规范监管事项和监管事项的申领流程,A 市向各区政府及市级行政机构发放了详细的数据需求调研问卷,鼓励各部门根据自身的业务场景和面临的具体问题详尽填写,网信办在此过程中扮演着桥梁角色,协调不同部门明确各自的数据需求和潜在的数据供应方。通过多轮的数据需求确认流程,网信办确保了每个数据需求的来源单位、数据收集的具体细节、数据结构化要求等核心要素得以清晰界定,为后续的数据共享与应用打下了坚实基础。

3. 监管事项标准化机制

详尽梳理并严谨审查监管事项,明确划定各个职责方的监管权限与责任范围,是构筑"互联网+监管"体系的基础。旨在通过数字化手段驱动执法活动,实现监管作业规范化、精准化及法制化。通过确立标准化的监管事项,可以建立一套数据标准化体系,并据此构建监管信息系统。能够有效搜集和管理数据,实现对监管进行监管,从而显著提高执法效率。A 市率先将上级下达的监管事项清单以及各职能部门自制的职权与责任清单,与现有的法律法规数据库进行了深度整合与比照。通过对法律法规条文进行精细编码,确保每一条法律法规都能够与监管清单及权责清单中的相应项目实现精准匹配,从而构建起法规要求与监管责任的明确对应体系。依据"北大法宝"数据库实现了动态实时的数据修正,成功克服了专家编定的监管清单项目未能及时反映最新情况的局限性。对缺乏明确法律支持或原有法规已失效的情况进行审核和筛查。通过对监管职责与部门权限清单的精确对应分析,我们识别出一些未匹配的职责项目。为此,系统自动衍生出待执法部门核实的新增监管任务,促使他们对其进行确认和进一步细化。监管事项的即时更新机制显著简化了执法人员对相关法律依据的查询需求。此外,该方案旨在明确各相关部门的监管专属任务,防止出现监管漏洞和责任缺失。

(二)"互联网+监管"的任务及功能模块

1. 建设风险预警模型

古训有言"上医治未病"。"互联网+监管"的核心使命是针对实际操作环境,有效缓解监管部门及执法者面临的痛点与挑战。构建风险预警模型能提升监管官员对潜在违规行为的前瞻性识别能力,促使他们从事后反应转变为事前预防,通过在市场主体出现违法行为前即时发现并促使改正,从而有效地削减了社会和市场的风险隐患。风险预警模型巧妙融入实际情境,专为特定难题设计,其设计旨在实现高度聚焦的目标性。通过构建中央、地方、县级三层级的紧密合作机制,该模型促成了跨区域、跨机构及全链条监管流程的无缝对接与前瞻性预测,在面对食品药品安全及交通运输等历来监管难点时,表现尤为出色,有望革新当前存在的监管难题。例如,A市委网信办与市公安局、市应急管理局和市交通运输部门紧密合作,共同研发危化品监管的风险预警模型。在传统的监管体系中,化学品道路运输安全面临着明显的隐患,主要包括监管职责划分不明确、违法行为的识别与追踪难度大,以及对外地运输车辆的执法追责存在挑战。在A市构建的危化品运输风险预警模型中,前期通过有效的协同与沟通,明确了各监管机构的职责界限,具体执行为:应急管理部门负责仓储环节的监管,交通运输部门掌管运输路线的管理,公安机关则承担追踪和抓捕违规行为的执法责任。借助国家交通部提供的外省运载工具数据支持,A市通过整合公安部门的外来车辆数据、地方交通运输委员会的本地车辆资料以及应急管理局关于危险化学品企业的数据,使风险预测模型得到训练,能够精确划定重点监控车辆的黑白名单及行驶路径,从而有效地为一线执法人员的风险管理提供精准依据。

2. 建立信用分级分类监管

尽管"互联网+监管"模式在根本上并未重新定义监督执法的核心内涵,其实践却嵌入了新颖的理念与尖端科技,有力地增强了监管工作的效能。于A市而言,这一监管框架通过将国家级别的信用信息系统与丰富细腻的数据资源相结合。通过智能地综合分析市场参与者的信用及相关信息,执行精确而公正的综合信用评估和行业信用评价,得以实施以信用等级为导向的差异化、分层的市场监管。对信用水平高、被评估为市场风险较低的主体,可适度减少抽查、抽检的频率与比例,以减少对日常商业运营的不必要干扰;相反,对于信誉度低、市场风险高的实体,应增强抽查力度,提升抽检频率,并将潜在违规线索转交给相应的执法机构进行处理。信用分级分类监管机制的推广,积极推动了数据共享与应用。通过信用信息共享平台与"互联网+监管"系统的深度融合,实现了对各类市场主体关键信息的高效整合与即时更新。这些核心数据涵盖了市场主体的基要概况、执法监管的全程动态、企业失联状态监测以及历史失信行为记录,形成了一个全面、联动的数据生态系统。各监管机构能够在信用分级分类体系中自主设计信用评估指标框架,生成针对不同对象的信用分类名录,并灵活配置抽查频率等功能。自2021年A市启用交通信用信息管理系统以来,该系统持续不断地实现信用数据的实时公开,旨在为公众提供一个即时获取、客观公正且无偏见的交通行业信息渠道。通过设立便捷的查询服务和高效的投诉反馈机制,充分体现了"公示即监管"的现代治理理念。

3. 探索跨地区、跨部门协同监管

传统的属地监督机制在处理涉及多地区和各部门的综合性监管上显得力

不从心。各部门间的职权划分不明确,信息孤岛现象突出,协作效率低下,且存在重复执法的常见问题。A市积极响应并全面融入国家"互联网+监管"战略,成功构建了涵盖跨区域、跨部门的综合性监管系统,并推动实施了有效的横向协作机制。利用先进的对象辨识、任务融合和数据处理工具,实施动态启动、自动接入、任务分配和智能反馈等尖端科技,实现各机构在案件线索通报、违规违法信息告知、无证经营数据推送、业务协作调查等业务流程的无缝对接。构建国家级、市级和区级三层级联动的数据共享与反馈机制,目的是实现数据共享的一体化操作,实现"一次披露,副本发送相关方,共同监管"的紧密合作监管模式。为了迎合跨区域旅客运输和危险品物流的监管配合需求,在国家级别的鼓励下,A市与B省合力打造了中国首个省级监管联盟试点,致力于探究和破解两地间在货物运输途中遇到的执法合作障碍。采用国家联合监管系统的架构,开展跨省份的联合监管作业,同时确保省级范围内生成的各项监管信息能够迅速提交至国家级平台。国家协同监管平台融合了协同审查、资讯共享与分发以及调查协办等三大职能。跨区域任务实施程序由主导省份明确抄送、协助和配合各方的责任分工,紧接着启动正式任务,这包括跨机构与跨区域的联合审计检查,执行反馈的省份接受并启动任务后,展开实际的执法审查,同时通过系统进行信息实时更新。各个协作单位均能即时监控到任务进展的最新情况。

4. 完善非现场监管

早期的非现场监管主要通过监管主体索取金融机构的财务报告及业务统计数据,定期搜集并深入分析各类金融企业的动态数据,以此全面评估和监控机构的运营状况及其未来走势,旨在判定其稳健性以及潜在的系统性风险,实现间接但有效的监管。随着物联网、传感技术、卫星遥感、无人机、人脸识别、大数据等新兴技术的快速发展,显著提升了监管机构借助技术设备而非依赖实地执法人员实时获取信息的能力。在A市,非现场监管能精确锁定违法情况和相关企业,并据此灵活配置资源,确保监管的精确度;同时,弥补了传统现场监管的间歇性短板,实现了监管的连续性和完整性;此外,该系统还能模拟突发公共安全事件,进行实战演练,强化了危机管理能力。

　　非现场监管还能够在确保不侵扰企业正常运营的前提下,凭借极低的人力投入,实现了长时间且高效的全面监控。这种监管方式能有效降低监管人员与受监管对象之间潜在的冲突,提升监管效率在 A 市,非现场管理策略主要侧重于交通、教育和公共安全这三个领域,其核心内容是对毒品贩卖与滥用、交通违规行为、刑事盗窃以及外卖配送员违反交通规则、出租车营运中的不当行为进行监控和管理。A 市公安局实现了对异常个体行为的智能化甄别,进而在人与车辆的属性判定及追踪预警上达到了高度精准,建立了一套高效的社会治安立体防控系统。市公安局某分局已经实施策略,将区域内所有中小学校和幼儿园划入"三分钟应急响应区",并积极探索推行"警保"联合勤务模式。

　　5. 深化"双随机、一公开"监管

　　"双随机、一公开"监管强调在执行监督执法任务时,通过随机抽选被监管实体及执法检查人员,确保过程公正,并将检查结果及处罚决定公开,以增强行政管理的公正性和可追溯性。"双随机、一公开"有效抑制了人情主义和关系导向的执法行为,缩减了执法人员的寻租可能性,从而减轻企业不必要的负担,显著提升了市场监管的公正性。A 市"双随机、一公开"平台凭借其技术优势,有效支持了抽查检查的实施,并集中公示结果,并整合应用于各项管理中。A 市已成功将"互联网+监管"平台与各部门执法机构的工作系统无缝对接,该平台集成了全市各部门的抽检计划、抽检任务、检查人员、检查结果等关键数据,标准化了计划制定、名单抽取、结果公示、数据存档的流程,确保了全程监管活动的透明化和可追溯性。A 市通过实施"互联网+监管"模式,实现了各执法部门信息系统之间的高效联动,实时采集并整合数据资源。该模式还采用了智能算法分析各监管部门提交的执法检查时间表,从而自动匹配协同执法和联合执法任务,确保在相同地理位置和时间段内,每家企业仅需接受一次"双随机"抽查,大幅减轻了对企业的重复检查负担,减少了对正常商业活动的不必要干扰。无论采取单一部门的双随机抽查或是部门协作的双随机抽查,都能确保依据监管目标的类型和层级进行筛选,以随机比例货数量的方式选取检查对象和执法人员。执法人员能够利用移动应用程序在实地执行检查任务,并实时上传详细的执法检查记录。

(三)"互联网+监管"的体系和系统

1."互联网+监管"的系统构成和应用间逻辑

图 3.1 "互联网+监管"系统构成与体系框架

A市的"互联网+监管"系统呈现出五级划分:从后端到前端,依次为基础设施层、监管大数据计算平台层、监管大数据中心层、监管业务应用层、展示层(见图3.1)。初级层次,称作基础设施层面,涉及在 A 市政务云平台之上建立了一个实体数据承载氛围,其专属目的是为了促进全方位数据共享服务机能的维持。在第二层架构中,我们发现了监管系统对大数据处理的基础计算平台。这一平台主要由机器学习环境和大数据的可视化工具所组成,它们共同提供了对数据处理与分析功能的基本计算能力。而位于第三层的是监管大数据中心,它集中了多种关键的数据库资源,涵盖了监管事项的目录库、监管对象的基准库、监管行为的资讯库以及执法人员的信息库等多个方面。在这一层级,我们称之为监管功能应用层面,它囊括了众多监管功能的应用程序,例如监管事项的目录管理系统、监管投诉与举报平台、风险预控系统以及协作监管平台等。在基本服务功能之上,第四层专门增设了一个集成对接模块,它能够实现与国家级"互联网+监管"系统、司法局的行政执行监督系统以及各政府部门独立开发的监管平台的无缝对接,从而完成全方位的数据交换和系统整合。第五层级称作展示界面,它主要服务于执法官员、监管目标群体以及管理层,提供了工作平台、服务入口、移动监管应用程序以及简易监管程序等。在进行系统管理的过程中,必须同步构建安全保障措施与规范化操作流程。

　　2."互联网+监管"模块间的关系和工作流程

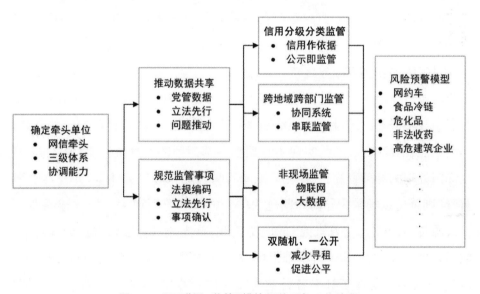

图 3.2　"互联网+监管"模块间关系与工作流程

　　在 A 市"互联网+监管"若干工作模块间呈现出明确的相互支持和依托的体系结构,且各环节之间具备清晰的时间序列和逻辑连贯性(见图3.2)。作为整个运作体系的逻辑引领者,牵头单位的优势资源及其独特的运作模式对"互联网+监管"的推进具有决定性作用。在 A 市,市委网信办作为主导力量推动"互联网+监管"项目的实施,彰显了其在整合各方资源、实现全方位协同管理中的核心作用,体现了党组织的高效统筹能力。A 市的独特优势体现在依托党的全面领导以及法规自动编码技术,有力推动了相关工作的开展。信用分级分类监管、跨区域跨部门监管、非现场监管以及双随机一公开机制这四大模块,共同构成了一个桥梁,紧密联结了实际应用场景、精细化预警模型与底层数据资源、日常监管事项的核心框架。风险预警模型扮演着终端角色,在"互联网+监管"系统内部运作,它专门针对执法人员的需求定制,旨在直接应对和解决监管实践中遇到的具体问题与挑战。

三、"互联网+监管"的机制

监管数字化与政务服务数字化在核心要点与聚焦方向上展现出不同特点。"互联网+政务服务"本质上关乎政务服务流程的重新设计与标准化,旨在通过流程创新实现服务优化。行政审批领域已成功践行这一理念,实现了部门间及对外服务流程的无隙对接,将外在服务操作内嵌于整体工作流中,提升了服务集成度。前段端口开始受理后,后台采取全流程处置,通过整合并置同类职能,消除冗余步骤,实现了数据在各部门间的无缝流转,将原先多个行政部门处理的烦琐程序,经优化后缩减为精简的核心处理环节。而"互联网+监管"则秉持以场景为导向和问题为中心的创新监管理念。"互联网+监管"模式源自"互联网+政务服务"的成功实践,首先通过标准化项目流程与推动数据共享,然后逐步构建起基础架构、开发共享数据库并实现核心应用的开发(图 3.1),但关键在于针对各行业的特定监管难点,设计了微观风险预警模型,并在组织层面实施了中观监管手段。这种差异产生的根源在于监管任务的复杂性,涉及多元化的行业特性、广泛的受监管实体以及多变的执法环境。同时,监管行动需严格遵照法律法规,并执行涉及广泛且精细的执法措施。政务服务的独特性在于其处理的是相对静止的公民和企业主体,其审批决策完全遵循行政程序,即对提交的申请进行接纳或拒绝。鉴于监管环境的复杂性和执法活动的多样性,"互联网+监管"实践应聚焦于针对具体情境的创新监管策略。

由于"互联网+监管"的特性鲜明地反映了各行业的特性,A市在推进工作中采取了"场景驱动+资源织网"的方法,即通过针对行业问题设计解决方案,构建特定情境下的模型,同时充分利用和整合现有的数字化资源,构建并强化"互联网+监管"的系统网络架构。"场景驱动"策略在A市被广泛应用,作为关键策略极大地促进了"互联网+监管"项目的推进。以A市交通委为例,A市交通委起初对于事项认领和数据需求共享的推动反应不够积极。然而,随着项目的深化,市委网信办主导的数据供需协同创新举措发挥了关键作用,与交通委合作开发了网约车管理模型,这一举措显著增强了交通委的监管精确度,提升了执法人员的工作效率,得益于高效的管理,A市网约车行业的标准化程度显著提高,合规性在全国的位次也迅速攀升。在见证了显著的成效之后,A市交通管理局增强了支持"互联网+监管"策略的力度,热衷于推动并积极参与大数据和人工智能领域的知识研究及其应用实践。因此,场景驱动策略不仅是针对特定监管议题的关键解决手段,同时也显著提升了跨行业监管机构之间的协作效率。"互联网+监管"操作模式,在场景驱动下,已经展现出其显著的成效。A市推行了一项融合互联网与监管的创新策略,透过积极的网络联动,有效地将监管职能嵌入到数字政务的资源建设中。国家信用体系与"互联网+监管"理念通过信用分级分类监管实现了有机整合。

在例如政府部门间协调协议的合法性约束,A市已经创建了一个一体化的"双随机、一公开"监督管理系统,它有效地助力了对随机审查和检查结果的集中发布,以及数据的综合利用。该解决方案实现了与地方环保执法体系、政务管理综合平台以及地方应急管理部门执法体系的流畅连接。借助这一框架,为不同的执法机构指派了临时执法任务,同时,将执法结果的动态反馈同步至政务管理平台。结合互联网的监管模式作为一种创新策略,成功地解决了监管领域面临的众多难题,并建立了一个坚固且灵活的框架,顺畅地将丰富的数字资源整合进监管系统。此策略有效地促成了"网络+监管"与多种数字资源的深度整合,同时也为促使政府全面数字转型,也就是建立数字化平台政府,确立了具有远见的战略根本。在未来的蓝图中,数字政府的成长轴心应当集中在资源的融合与联动上。它需要巧妙融合现有的"互联网+政务服务"和"互联网+监管"等资源,构筑起一个坚固的数字网络框架,以此确保数字政府的高效运作得到稳固而持久的基础支撑。

四、"互联网+监管"的价值

可从三个维度显著展现 A 市"互联网+监管"如何创新并超越传统的监督。首先,它被视为具有显著适应性的,推动市场主体创新的有效工具;其次,它作为一种体现卓越协调性的调节政府与市场关系的工具;最后,作为蕴含探索性意义的数字政府发展路径的前瞻。

第一,相匹配的监管方式为市场主体提供了不断创新的空间。监管主体有效顺应监管客体动态变化的能力被 A 市的"互联网+监管"模式所揭示。监管机构需积极采纳并内化互联网的创新思维、组织模式及技术工具,确保其监管能力至少与被监管的互联网创新行为保持同步或具备优势,从而有效实现监管创新。以谨慎宽容的态度激励创新,保障在遵守市场公正公平的基本原则的同时,维持市场稳定,消除在建立新秩序过程中可能引发的潜在波动。A 市通过"互联网+监管"的模式与适应性治理理论相吻合,彰显了其独到的价值。学者薛澜[20]等主张,面对新兴技术可能引发的风险,应采纳灵活应变的监管策略。韩博天[21]强调,适应性治理框架的核心是,为应对环境持续变迁,有效策略是激活各参与者的能动性。张乐[22]认为构建一个能有效应对手段技术风险的动态适应性治理架构。关键是将包容性、灵活性和弹性元合于传统管理体系之中

第二,为营商环境治理的深入推进提供链接和补缺机制。"互联网+监管"在行政审批改革深化阶段的创新表现在于它对传统监管方式之间所呈现的创新性突破。A 市启动的"互联网+监管"项目以国家和地方法律法规作为

监管系统的基础,建设准则以各行政部门的职责清单为标准,构建系统性的监管事项清单,并由国家引导,依照省级和市级的步骤,推动监督事项目录的标准化进程。在不久的将来,规范化和统一的监管事务及审批流程有望逐渐得到实施。通过合并监管事项目录、行政权力清单以及行政审批事项清单,可以实现诸如先证后照、信用保证、容缺审批等许可审批信息的流动,这在监管过程中以及之后的处罚环节都是必要的,以便为行政审批的决策提供及时有效的反馈。涵盖执法人员信息及监管行为信息在内的核心数据库借助数据共享机制建立。有传统执法中的熟人网络通过实施"双随机、一公开"监管模式得以有效打破,实现了对监管过程的透明化和公正化的深层次监督。协同执法功能在国家及省级"互联网+监管"系统中被开发,这项功能旨在打破地域与部门界限,支持联合撮合成执法。这一设计促使原本分散在各部门执法人员能在相对紧凑的时间内同步执行执法检查,从而显著降低对商业运营主体日常运营的干扰程度。

第三,为推进数字政府建设提供探索和落地方案。"互联网+监管"在数字政府的建设过程中扮演关键角色,它不仅是推动数字政府创新与发展,实现平台型政府构建的策略工具,同时也是构成数字政府核心结构和功能模块的关键要素。首先,数字政府建设的核心目标就是构建"互联网+监管"。政府的核心任务之一是监管,而这必须与所有行政机构协调一致,共同推动全面数字化改革,此项举动旨在建立一个功能完善且结构严密的数字化管理体系。其次,通过将"互联网+监管"作为试点项目,政府获得宝贵的机会,得以借此契机深入探索数字化转型过程中普遍面临的挑战和问题。在"互联网+监管"的实施进程中,在数字政府建设的多个关键领域中普遍存在且时常需应对的任务凸显出来,这包括任务事项的规范化、数据的互通互联、不同部门间的合作以及不同行政级别之间的互动协同等关键工作。在打造"互联网+监管"的风险预测系统时,我们采取了包括跨机构需求调研、具体问题情境的认定、信任关系的建立、信息的交互协调、数据隐私保护以及应用级模型的搭建等多个核心流程。这些策略具备广泛适用性,其他学科领域可以从中学习,特别是针对不同部门间数据资源的挖掘与利用。推进"互联网+监管"的实施,不仅极大促进了数字化政府的发展速度,也显著提升了法律法规、规范和标准实施的效率和范围。数字化转型是国家治理现代化的积极探索,其核心在于对传统行政管理体系的颠覆性创新。改革之后,原本含糊不清的权力分配、操作流程以及责任界定均转变为具体明确的条文和可操作的流程,这实质上推动了新的法规与标准的贯彻与实际运用。

五、建议

本节经过对"互联网+监管"的深入剖析,包括其内涵、实践和机制的详尽探讨,提炼出以下四条切实可行的建议。

第一,着力深化数据开发应用的内在规律探究。在 A 市,"互联网+监管"项目的初步实施主要聚焦于少数关键部门亟待改革的业务上,其已展现出显著的效益和广阔的未来发展潜能。然而,在现实中,政府部门对于数据的需求与可用资源的连接、开发与利用之间仍存在显著的差距。学术界需深化研究政务数据应用模型的开发流程与运用法则,以期提炼出一系列普适性的标准指南、规范化操作程序,供全国各地政府部门作为参考范本。

第二,推进执法人员的规模化培训。"互联网+监管"的融合引领了了基层执法的理念的革新,这要求将法制化与数字化的理念深入至每一位基层执法者的实践中。为实现这一目的,各省市应开展的大规模、全面涵盖的执法人员教育训练不仅应详尽讲解该系统及功能,还应着重培养大数据分析能力和协同执法策略等先进理念。建议国务院能够借鉴 A 市的创新实践经验,将其提炼为全国性的指导原则,并制定翔实的操作培训标准,供各地政府悉心参考和采纳。省级行政机构应依据其特定环境,制定出详尽且切合实际的培训标准和实践操作指导,同时应当将培训效果纳入执法人员的绩效评价体系,作为衡量其工作表现的一个重要指标。

第三,创新推进监管绩效考核评价。"互联网+监管"是对"监管的监管"。

"监管的监管"既涵盖了对执法行为合法性的稽查,也包含了对执法效率的导向和提升。在"互联网+监管"体系内,翔实无误地记载了执法人员的活动、执法行动以及相应的处罚决定,这些记录不仅为司法系统提供了对执法行为规范化管理的有力依据,同时亦为编办、人事、组织等部门进行部门绩效和员工考核的重要参考数据。监管效能的评估能够与数字政府发展、商业环境优化评估以及司法效能测评等多元指标体系紧密融合,从而实现综合效益的最大化。

第四,强化与各平台的衔接联动。"互联网+监管"应强化与"互联网+政务服务"、信用信息系统以及社区管理平台等的实质性融合与数据协同。鉴于监管任务涉及众多审批权责的传递执行,因此,必须确保与行政审批平台在逻辑流程和数据交互层面的衔接。"互联网+监管"系统广泛整合社区治理和信用信息系统数据,亟待明确两者的权限划分与逻辑衔接,推动双向协同建设与资源共享,防止资源浪费和重复开发。

第二节　对等监管:"数智化"场域中适应性治理的
逻辑演进

平台经济的迅猛发展,使得传统市场与政府监管之间的动态平衡正经历着前所未有的挑战与重塑。一方面互联网平台企业凭借其数字智能技术领域的先行优势实现垄断化扩张,然而,这一过程中也伴随着用户隐私泄露、数据非法交易及用户差异化对待等问题。另一方面市场监管部门在面对这一新兴业态时,经常出现市场数据缺失、监管方式落后问题,难以有效应对市场失灵。进一步审视,互联网平台凭借海量数据资源、精湛的技术应用与灵活的组织架构,有效规避了政府传统监管方式。监管问题的存在不仅凸显了监管主体在监管理念、制度框架、模式创新及技术手段等方面的滞后,也迫使市场监管部门迅速更新监管理念、应用先进技术、创新监管策略,在技术应用、组织运作等方面追平市场主体的更新,从而有效应对数字时代下的治理挑战。

然而,既有研究并未详细解释市场监管的"数智化"转型路径及其逻辑演进。现有的监管理论亟须超越传统的政策过程分析与基层治理框架,转向以数智技术为核心的新场域,深入剖析监管部门与互联网平台之间围绕技术展开的复杂博弈,以及这一过程中平衡状态形成的内在逻辑。为此,本节以 A市网约车监管作为"互联网+监管"背景下的典型实践案例,将适应性治理理论这一在传统治理领域展现出强解释力的理论框架,引入数智时代的治理语境,探讨其在政府数字化转型过程中的适用性转化与必要修正。在此基础上,本节构建"对等监管"分析框架,旨在揭示政府监管向"数智化"转型的深层逻辑:这既是一场政府与平台间基于技术优势的动态博弈,也是双方在技术驱动

下对资源、权力及组织结构进行再分配的结果。通过这一框架,本节力求为探索更加高效、精准的监管模式提供理论支撑与实践指导

一、文献综述与分析框架

(一)适应性治理

"适应性治理"从复杂社会——生态系统管理策略中衍生而来,其理论根基深植于"公共池塘资源管理""韧性理论"及"治理理论"的沃土之中,并为后续"转型治理"与"协作治理"的理论演进铺设了基石。其核心精髓可精炼为五大维度。第一,是结构的复合性与层叠性。托马斯·迪茨(Thomas Dietz)[47]等先驱者率先提出适应性治理的概念,其观点强调通过构建复杂、多层且包含冗余空间的结构体系,增强治理体系在多变环境中的适应力与韧性。第二,适应性的制度框架。适应性治理理论提出政府制度规范能够随组织所处生态的变化作出适应性改变。第三,情境的制约与匹配。政府治理的策略选择应遵循"恰适性"原则,即在面对具备高度复杂、动态变化、多层嵌套等特点的公共事务时,治理主体的治理策略需精准适应动态复杂的问题情境,需要展现出敏捷的动态调整能力、强大的环境适应能力及长远的治理考量。第四,主体间的交流互动与协作深化。卡尔·福尔柯(Carl Folke)[51]等学者指出适应性治理的精髓在于根植于学习过程的议题管理机制以及不同规模组织之间实现跨层次的高度协同与灵活应变的能力。治理主体的适应性治理能力表现为组织面对复杂环境时,依旧能及时调整策略,通过组织学习实现技术更新与思维升级,实现制度优化,解决公共问题。最后,持续学习能力。学习机制赋予治理体系在复杂多变环境中主动适应、持续进化的能力。王绍光进一步指出,中国政治体制的强大适应能力根植于其深厚的学习能力基础。在不确定性的挑战下,增强治理体系的弹性、学习效能与社会互动,是实现治理优化的关键。总体而言,既有研究从环境适应性、主体间关系、结构设计等多维视角丰富了适

应性理论内涵,指明组织应高度重视信息沟通和组织学习的能力,以实现在复杂治理环境中,构建灵活的制度安排与增强韧性管理能力的目标,确保组织的稳健发展与持续繁荣。

适应性治理理论常用于"政策调适""基层治理现代化"及"风险应对机制"等核心议题的政策试验、实施及执行过程分析,强调其在动态环境中对政策有效性的即时反馈与调整。此外,适应性治理还深刻影响着政策本地化与差异化实施的过程,尤其面对高度复杂的治理情境,政策执行过程中的适应性策略成为影响政策成效的重要因素,并使得政府治理的韧性得以显著提升。在基层治理的学术探索中,中国基层政府所展现的机制创新与体制稳定并存的实践特征被普遍视为适应性治理的典范,进一步地,从社区治理的微观视角出发,学者们[52]聚焦于基层社会管理与服务体系的适应性转型,指出随着治理环境的变迁,社区治理主体需敏锐捕捉外部威胁信号,主动调整其政策框架与操作流程以回应公共治理需求。至于风险治理领域,面对新兴技术体系带来的高度不确定性,如突变性、非线性特征等,治理主体被呼吁采取更为积极主动的调适策略,以构建风险治理的柔性适应模式。这一模式旨在精准匹配风险情境的非线性演变、动态性挑战、整体性要求及涌现性特征,通过灵活调整治理策略与手段,确保治理体系能够持续、有效地应对各类风险挑战。综上所述,适应性治理在社会治理领域的广泛应用,不仅丰富了治理理论的内涵,也为实践中的治理创新提供了宝贵的思路与路径。

(二)网约车治理

以网约车为代表的智能互联网新经济形态,引领了一场前所未有的"众创式"制度革新,其监管体系的构建过程凸显了深刻的冲突性、复杂性与动态特征。当前学术界围绕网约车监管的探讨,主要聚焦于监管策略与治理挑战两大维度。在监管策略方面,既有研究更强调将网约车监管的演进中的渐进学习型特点,强调政策制定中多元主体的互动与调适,包括公众、网络媒体、政府及社会组织等,它们共同参与政策议程,促进政策在出台过程中的微调与信任重塑。通过纵横向对比,既有研究发现出租车行业既得利益格局、敏捷治理理念的渗透、中央与地方政府的利益分歧及地方政府的策略性协作,共同塑造了网约车监管政策的地域性差异。

关于网约车领域的治理挑战,学界从宏观维度揭示了网约车监管的深层复杂性与挑战性。他们认为,尽管网约车监管模式正经历由传统巡游车监管向新型模式过渡的渐进演化,但当前仍深受"公序"监管惯性影响,过度依赖行政许可,难以规避诺斯悖论与管制俘获的困境。从微观视角深入,学者们从多维度剖析了网约车监管的改进路径:首先,技术治理视角的相关研究聚焦于数据接入、经营合规审核及渠道优化等问题,倡导利用技术赋能监管,融合互联网平台技术特性,强化大数据模型在监管中的应用。其次,结构主义视角的相关分析则揭示了政府、平台与社会参与之间的治理失衡,提倡构建共享监管机制或"合作监管+自律监管"的混合模式,以破解平台经济治理难题。再次,运行机制方面,学界普遍倾向于采用柔性、包容的监管策略,主张监管部门对新兴创新事物采取更为开放和灵活的态度,实施适度、灵活的干预,并辅以定期复审机制。同时,强调通过规制激励与责任机制相结合,促进行业自律,提升监管效率。最后在法律维度,学者呼吁监管部门及时回应行业创新带来的法律挑战,推动制度与法律框架的适应性变革,以平衡创新与监管的张力。此外,学者还积极探索自律监管、敏捷监管等新型监管模式,并从后设监管角度强调市场内部行业约束的重要性。基于"敏捷治理"理论,提出了动态、包容、响应迅速的敏捷监管模式,以应对网约车行业的快速变化与不确定性。

(三)文献评述

在审视既往网约车监管领域的文献时,不难发现,学者们已从多维度深刻剖析了监管面临的挑战,宏观层面揭示了监管体系的复杂性,微观层面则细致入微地探讨了角色定位、技术应用、结构布局、运行机制及法律框架等多方面的监管困境,并呼吁探索创新的监管策略以应对挑战。学术界对适应性治理能力的构建进行了全面拓展,融入了学习机制、知识积累、弹性调整、合作协同及互动反馈等要素,同时从"政策调适""基层治理优化"等视角深化了适应性治理理论的应用场景。尽管适应性治理的相关研究已取得丰富成果,但仍存在几方面局限有待突破。首先,数智时代的到来,特别是大数据与人工智能技术的广泛应用,为政府治理实践带来了前所未有的变革压力,但在面对数智化这一新兴背景时,针对其独特情境下的适应性治理策略探讨尚显不足。其次,现有研究虽认识到学习能力是适应性能力的基石,却较少关注学习驱动下的组织微观结构变革及其整体动态调整。这一视角的缺失,限制了对适应性治理过程中深层次组织转型的理解。再者,适应性治理的研究多聚焦于政策执行角度,广泛应用于基层治理领域,而较少应用于政府监管的相关研究,即使有也多集中于金融监管领域,对于新经济模式如网约车等领域的适应性治理策略探索尚显匮乏,这在一定程度上限制了理论的广泛适用性和实践指导意义。鉴于此,本节尝试将适应性治理理论引入"数智时代"的典型场景——网约车监管领域。以 A 市网约车监管的新变化为案例,通过分析其监管新机制,构建一种基于数智化特征的适应性治理新模式——"对等监管"。此模式旨在解析在复杂技术博弈背景下,监管主体如何动态调整监管技术、重塑组织形态,以全面适应并有效应对数智化带来的治理挑战,从而揭示适应性治理在新技术环境下的演进逻辑与变革路径。

(四)分析框架

适应性治理理论聚焦于其快速适应环境变化、积极学习并积累知识以及构建互动性强且具备弹性的组织架构的能力,从而跨越内部约束以有效适应外部情境的动态变化。步入数智化时代,网约车平台监管领域遭遇了前所未有的新情境挑战,这些挑战可归结为两大维度。首先,政府监管面临着技术落后与数据缺失的严峻挑战,面对监管对象凭借其在数据处理与技术创新上的领先地位的现状,监管主体无法通过单一的职能调整或政策新规突破技术劣势。因此监管主体必须弥补与监管对象间的技术鸿沟,提高技术监管的专业水平,以确保监管措施的有效性与前瞻性。另一维度则是监管主体在组织结构、运作流程乃至思维方式等方面的软性约束。与硬性约束的直接技术挑战不同,软性约束存在依附性和衍生性特征。软性约束的存在导致监管主体无法形成灵活的互联网思维,难以理解并适应平台企业的运营与盈利模式,出现政府监管的失灵现象。上述技术约束与思维约束的并存,导致监管主体无法适应监管对象的发展,二者之间出现失衡趋势,这种趋势的出现成为触发适应性治理机制的关键契机。

数智时代背景下,适应性治理理论焦点已从传统的政策过程分析框架,转向以大数据与人工智能为鲜明特征的当代治理场景。这一转型不仅要求治理主体加快技术适应,更需深刻变革其组织结构与文化,实现思维适应,从而灵活应对由技术环境及监管对象所塑造的双重约束——即硬性技术壁垒与软性思维束缚。治理主体应采取一种情境敏感型的适应性策略,通过强化学习机制与优化组织架构,有效应对数字化转型所带来的多维度挑战。具体而言,这一策略既涵盖了如何突破数据与技术层面的硬性限制,也涵盖了如何增强组织机制的灵活性与韧性,通过组织体制的革新与创新型组织文化的培育,实现软性的组织文化适应。结合本案例分析,适应性治理理论在数智化环境中实践具体体现为监管主体主动缩短与监管对象在数据、技术方面的差距,通过持续学习与组织结构的灵活调整,以及组织机制与文化的深度变革,构建一种与监管对象相匹配的监管能力框架。这种对等监管模式,要求监管主体在技术

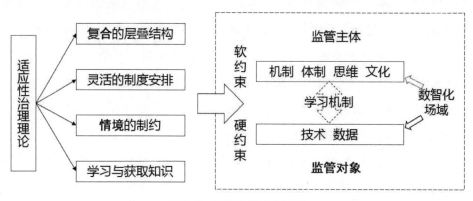

图3.3　对等监管分析框架

实力、数据处理能力、组织架构、制度设计、文化导向及思维方式上有效应对监管对象的挑战,从而确保监管活动能够适时、适度且有效地作用于市场主体,维护市场秩序(见图3.3)。

二、案例选择与资料收集

本节案例聚焦于由 A 市交通运输委以及市委网信办等单位协同打造的网约车监管模型。自 2019 年作为国家"互联网+监管"战略的先行试点区域以来,A 市持续推进监管技术创新与模式探索。2021 年,A 市再度获选为"互联网+监管"系统多级联动应用试点城市,其在该领域的实践与探索已步入新的发展阶段。"互联网+监管"的试点工作有力推进了 A 市监管的技术应用创新。为解决数智时代的非法网约车监管难题,A 市交通运输委、市委网信办等单位以此为契机,创新性建设了网约车监管模型。本研究选取 A 市网约车智慧监管实践作为分析对象,主要基于其双重显著特性:首先,A 市案例展现了高度的创新性与代表性。该城市在网约车监管领域展现出独到的治理智慧,通过全方位、多层次的创新,涵盖技术创新、组织结构优化、运行机制重塑以及组织文化的适应性调整,有效应对了数智化时代下的监管挑战,显著提升了监管效能与精准度。其智能技术的深度应用与组织管理模式的创新,为同类城市提供了宝贵的经验借鉴与启示。其次,A 市网约车监管案例的成熟度与成效显著,进一步增强了其研究价值。自该监管模型投入运行以来,A 市网约车行业的合规率实现了质的飞跃,不仅在全国范围内的排名显著上升,更在特定时间段内取得了订单合规率增长率全国领先的佳绩。具体而言,从 2021 年 8 月至 2022 年 5 月,A 市的网约车订单合规率排名从第 25 位跃升至第 15 位;而在 2021 年 10 月,其订单合规率增长率更是在全国 36 个中心城市中位居榜首;至 2022 年 2 月,A 市在主要中心城市中的订单合规增长率依然保持全国第二的优异成绩。

在深入实地调研的进程中,笔者多次造访 A 市相关单位,包括但不限于大数据中心、市委网信办、市公安局及市交通运输综合行政执法总队等,通过结构化与非结构化访谈的形式,与政府各级领导及一线工作人员广泛接触并深入交流。此外,笔者还积极参与了网约车监管需求对接的专题研讨会,并在H区交通运输执法现场直接观察与记录非法网约车执法行动的全过程,积累了大量珍贵的第一手资料。这些资料不仅涵盖了网约车监管的实践操作层面,也深刻反映了当前监管体系的运作机制与成效。为进一步增强研究的全面性与权威性,笔者还广泛搜集并整理了与"互联网+监管"及网约车监管紧密相关的法律法规、政策指导文件及媒体报道等多维度资料。在资料搜集的同时,运用多学科视角进行交叉验证与深入分析,力求通过多渠道信息源的相互印证,确保研究案例的可靠性、有效性与严谨性。

三、A 市网约车监管的多层面不对等困境

网约车行业的发展存在明显的盲目扩张现象,在其扩张过程中多重监管难题逐渐浮出水面。首要问题便是网约车行业对传统出租车行业的深刻冲击,诱发了无证驾驶与车辆非法运营的现象,加剧了市场内部的恶性竞争。现有监管体系面临着理念陈旧、制度滞后、技术创新匮乏及监管渠道单一等困境,传统的现场监管、直接监管手段难以适应数字化时代对精准高效监管的迫切需求。因此,如何有效清除非法运营存量,并精准控制新增非法运营活动,成为市场监管面对的全新难题。

"我们管辖范围大,业务范围也广,但是人员资源和技术应用都有限,并且平台常常利用算法设计派单躲避检查,车辆本身外观缺乏明显标识,在抓捕过程中,车主常联合乘客暴力抵抗,我们发现和取证均面临着风险。"(访谈记录001——A 市交通运输综合行政执法总队某领导)

深入探究其根源,网约车平台作为数字经济的产物,其技术与组织架构正随着数字化时代的浪潮不断进化升级,展现出强大的生存与发展能力,无论是技术创新的应用还是其内在生长机制均达到相当高度。相比之下,传统监管

模式在数据掌握、技术应用、思维模式、监管机制、体制构建及文化适应等多个维度上均显滞后,造成了"监管不对等"的困境。

(一)数据不对等

适应性治理框架强调治理策略对治理情境的动态适应。数智化时代,经济活动的蓬勃发展高度依赖于大规模数据的采集与分析能力,然而,监管主体与监管对象之间在数据掌控与应用层面上的显著差异乃至鸿沟直接制约了市场监管的有效性。当前,网约车行业凭借强大的数据优势,不仅重塑了传统巡游出租车市场的竞争格局,成功占据了市场的主导地位,同时各网约车平台之间逐渐形成数据壁垒,市场网约车和用户数据形成了相对封闭的"竖井"结构。从监管视角审视,网约车平台在数据总量及分析能力上均优于监管部门,这主要体现在三个方面:一是数据的全面性与实时性,如滴滴出行、神州专车、曹操出行等平台掌握着包括司机车辆信息、行驶轨迹、订单详情及司乘评价在内的全量实时数据;二是数据分析的专业化与系统化,平台构建了从数据收集、传输、存储到应用的完整链条,并依托先进的数据分析模型进行深度挖掘;三是数据价值的最大化利用,平台重视数据的再分析与再利用,将分析结果应用于订单分配、绩效管理及个性化服务等领域。而监管部门尽管有相关政策支持,但仍然面临数据搜集困难、种类缺失、更新滞后等问题。根据网约车监管信息交互平台相关数据,截至 2022 年 3 月 31 日,仍有 60 家网约车平台公司 180 天以上未传输数据,政府数据搜集依然存在明显的滞后性问题。此外,部门间的信息壁垒进一步加剧了数据孤岛与烟囱效应,导致数据种类单一、分布零散,无论是政府内部的数据共享还是与社会层面的信息交流均面临严重阻碍。

"在过去执法中,我们的数据链条并没有完全打通,例如电子警察数据由公安部门掌握,而网约车平台数据由交通运输部门掌握,在这中间我们缺乏一个好的桥梁去链接,难以进一步利用掌握的数据。并且传统执法手段与新业态之间信息差所导致的难题比比皆是。"(访谈记录 002——A 市交通运输综

合行政执法总队某领导)

(二)技术不对等

在数智时代的大潮中,大数据、云计算、人工智能等新一代的广泛应用成为鲜明的时代印记。技术革新无疑为监管效能的提升开辟了新路径,但也带来了新的监管问题。尤其是随着应用场景与技术创新的深度融合,监管对象持续迭代与优化技术策略,其在特定情境下的技术应用能力日益精进,从而逐渐拉大了与监管主体之间的技术鸿沟,造成了双方在技术层面上的非对称性态势。网约车行业作为数字时代下新兴经济模式,深刻体现了这一技术变革的影响力。该行业依托数字平台与算法模型,实现了车辆资源与乘客需求的精准对接与智能调度,通过复杂的算法模型计算服务费用,为用户提供便捷高效的出行服务。近年来,网约车平台不断深耕技术创新,对实时定位、高效调度算法及智能派单系统等进行持续升级与优化,同时借助海量数据的积累与分析,显著增强了其在不同服务场景下的技术适应性与应用能力。

"有一些网约车平台,在了解到我们经常设卡检查的具体地点和位置后,竟然可以通过技术手段在这些区域附近设置虚拟的电子围栏,让非法网约车无法在此区域内接收到订单,而电子围栏内的订单都会专门派送给合规的网约车,从而躲避掉我们的监管和执法。"(访谈记录003——A市B区交通运输综合行政执法支队某领导)

然而,政府监管部门对数字技术的应用持有相对保守的态度。具体而言,地方政府在网约车监管方面,其技术应用尚停留于试验性的辅助监管阶段,远未达成技术深度融合与智能化监管的全面转型。一方面,政府治理的公共价值导向,对政府的技术应用策略提出更多要求,促使其倾向于采取更为保守的路径。政府在推进技术应用时,往往将技术的成熟度和安全性置于首要考量位置,然后综合考量公共性与经济性后才开始开展大规模的实践与改革。另一方面,在技术研发层面,相较于互联网企业,政府部门存在显著滞后。政府内部缺乏专门聚焦于监管技术的研发机构,而且技术进步要求应用的大规模推广以积累数据和经验,而政府相关技术的应用规模与深度均显不足。因此,无论是技术创新研发还是技术适用性的探索实践,政府均难以与平台企业保持同步,甚至呈现出一定程度的滞后。传统的监管方式,如事前规制、数量限制及经验式管理,难以适应网约车平台复杂的四方协议及平台算法操作。当前网约车平台企业所掌握的技术优势,已经对政府的监管技术形成了挑战与压制。为有效应对这一挑战,政府监管迫切需要改进技术来实现网约车的精准高效监管。

(三)思维不对等

在关注网约车平台与监管主体间的知识创造与吸收能力差异时,我们注意到一个显著的现象:监管主体在思维活跃度及对新技术知识(特别是互联网技术)的接纳度上,相较于其监管对象——网约车平台,呈现出显著的不对等性。网约车的兴起与发展深受互联网思维的影响,这种思维模式不仅重塑了传统巡游车的随机匹配模式,更构建了基于平台的系统化管理模式,实现了出行服务模式的根本性变革。其技术创新与资源优化的思维特征,驱使着互联网企业不断探索新技术、开发新模式,并迅速将其应用于实践,以追求效率与效益的最大化。同时,这种思维还强调资源的高效整合与广泛连接,促使优质资源以更高效的方式融入平台系统及行动者网络,从而强化了平台企业的技术领先与组织优势。相比之下,传统的监管模式侧重于事前监管,如行政许可等手段,而忽视了互联网思维在事中、事后监管中的潜在价值。这种监管模式的路径依赖问题显著,容易将旧有巡游车监管的逻辑直接套用于网约车监管,忽视了网约车平台经济的独特性与复杂性。因此,面对网约车这一新兴业态带来的监管挑战,运用互联网思维来重塑政府的监管职能已经是数字时代背景下政府监管方式转型的必然要求。具体而言,政府需根据互联网时代的特征,加强对数据分析的利用,以数据驱动决策过程,以互联网思维更新网约车监管手段与策略,以有效应对新兴风险与挑战,促进网约车行业的健康、可持续发展。

（四）机制不对等

从企业成长机制与市场竞争格局的视角观察，网约车行业呈现出明显的"奖优惩劣、强者恒强"的激励特征。这种正向激励机制有效激发了网约车司机群体与传统巡游出租车服务之间的积极竞争态势，推动了服务质量的持续优化。对于网约车司机而言，平台构建了一套综合性的正向激励体系，涵盖物质（如薪资奖金、晋升奖励）与精神（如职业荣誉感、优先派单权）双重层面。通过算法驱动的资源配置，业务精湛的司机能够获取更多高质量订单，进一步强化了平台内部的良性竞争与激励机制，不仅巩固了平台生态的可持续发展，还显著提升了其对司机的吸引力及整体服务品质，赢得了市场的广泛赞誉与信赖。然而，与互联网平台的激励机制不同，政府监管体系主要依赖于问责机制，即通过对监管疏漏给予相应责任人员和责任部门以处罚来鞭策基层执法与公务员队伍。2016年网约车监管文件出台，其严格的监管风格不仅引发了社会对网约车行业未来发展不确定性的担忧，也给监管部门及执法力量带来了额外的工作负担。基于此，北京、上海、深圳等城市相继发布征求意见稿，试图缓和监管力度与市场活力之间的矛盾。根据各地网约车执法处罚案例，发现其共性在于"补漏"的执法心态、分散的人力部署与高额罚款的策略选择来查处违法违规车辆。然而传统事后问责的严厉手段容易忽视了新经济形态下市场活力的培养和维护，可能阻碍构建稳定、规范、有序的网约车市场环境。

（五）体制不对等

为适应互联网经济形态，网约车企业形成以平台为基础的扁平化组织结构，这与政府监管部门的科层制运行模式形成了鲜明对比。网约车平台作为新兴出行服务模式的典范，以平台为核心，构建了一个高度网络化、交叉互联的生态系统，实现预约制下的点对点精准服务，远远超越了传统巡游出租车的流动作业模式。这种基于互联网平台的运营模式，实现了信息的集中处理、层级的垂直协同与部门横向沟通，优化了业务流程，有效解决了传统模式下资源错配导致的效率低下问题。然而,在科层制监管框架下,监管部门内部职能分割与条块隔离阻碍了内部协同机制的建立,形成了信息不对称与部门壁垒的双重挑战。目前在监管资源共享层面,无论是纵向的央地数据流通还是横向的部门间数据交换,均存在显著的流通障碍。科层制下的条块矛盾对实际执法工作也带来了碎片化的麻烦,监管效果难以达到最大化。在上述背景下,交通运输部于 2022 年 2 月发布《关于加强网络预约出租汽车行业事前事中事后全链条联合监管有关工作的通知》,明确提出了加强跨部门协同、利用信息化手段促进信息互通与资源共享的要求。一方面,技术发展为跨区域、跨层级、跨行业、跨部门协同监管提供必要基础,迫切要求政府利用数字技术的成熟优势,推动网约车监管模式向协同化、数字化、智能化转型,跨越科层制壁垒,实现监管流程的重构与优化。另一方面,网约车平台所展现的扁平化、松散化组织结构特征,要求监管体系必须适应这种灵活性,避免传统集权式监管的刚性冲突。这不仅意味着要突破科层制的局限性,更需实现监管逻辑从层级治理向协同治理的根本性转变,以更加开放、包容的姿态应对网约车行业的快速发展与变革。因此,通过数字技术嵌入从而构建一个平台化、开放化的部门间协同与社会合作新型监管体制,成为促进传统监管体制转型的关键路径。

(六) 文化不对等

先进的文化是高效工作与组织发展的内在基石,它不仅是强化组织凝聚力的黏合剂,更是驱动组织持续进步的核心引擎。步入数智化时代,适应性治理范式尤为重视组织文化的柔性治理效能,倡导构建契合时代脉搏的文化生态体系,以软性支撑力促进组织变革。网约车平台企业在发展过程中深刻嵌入并弘扬了互联网精神的核心价值,营造一种崇尚学习、包容差异、鼓励创新、促进协调、倡导平等、强化互助、引导向善的精神文化环境。这种文化生态高度关注员工与用户情感需求的满足,通过促进情感互动与正向激励,构建了基于尊重与理解的和谐关系。同时,平台内部致力于培育浓厚的创新学习氛围,激励员工间知识共享与技能互鉴,利用技术创新驱动业务流程优化与效率提升。相比之下,政府组织在文化层面则呈现一定的封闭性与保守性特征。行政管理体制的惯性及固有的组织文化,构成了信息技术渗透与扩散的内部障碍,使得新技术在政府治理中的应用面临重重挑战。这种保守性不仅抑制了监管手段的创新与监管模式的转型,还因烦琐的规章制度限制了公务人员的学习与创新活力,导致其在面对网约车等新经济形态时,常显滞后与被动。保守的组织文化加剧了政府在网约车监管中的被动地位,落后于平台经济的发展步伐也拉开了政府监管目的和监管效果之间的距离,难以发挥政府对网约车的智能监管的最大优势。

四、对等监管:A 市网约车监管的适应性治理变革

(一) 数据对等

为应对网约车平台累积的数据优势,并满足数字经济发展产生的监管新需求,A 市"互联网+监管"系统试点建设任务的重心聚焦于监管数据需求的精准界定,通过详细编制 A 市监管数据归集清单,摸清数据资源的基础状况,进而针对监管场景中的关键问题,建立高效实用的数据分析与应用模型。A 市网约车模型整合了涵盖市委网信办、市公安局、市发改委、市政务服务办、市道路运输局和市大数据管理中心在内的关键部门的数据资源,依托政务外网和"城市大脑"中枢平台,实现了全量数据的深度聚合与本地化应用的赋能。A 市市委网信办作为该项目的牵头与协调机构,有效利用国家层面的平台基础,通过统一数据平台实现监管、公安、执法、交通、市场等多领域、多维度数据的无缝对接与共享,并通过各类加密手段保障数据,不仅解决了传统网约车监管模式中存在的数据来源单一、利用效率低下、共享程度不足等瓶颈问题,还通过数据的全面汇聚与深度分析,形成了强大的监管协同效应。系统通过网约车平台数据与政务服务审批数据的交叉比对,能够精准识别并生成未取得《网络预约出租汽车驾驶员证》的驾驶员"黑名单"和未取得《网络预约出租汽

车运输证》的车辆"黑名单"(见图3.4)。

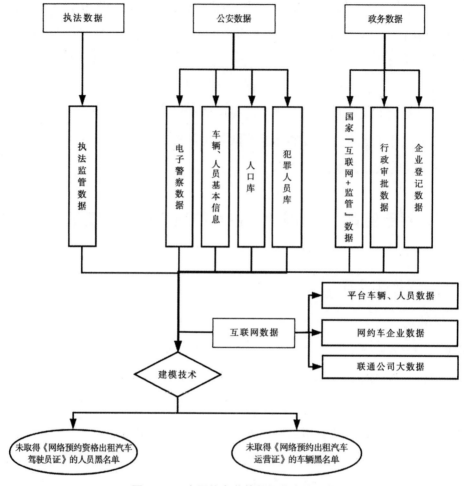

图3.4 A市网约车监管数据共享流程图

A市充分整合了多方数据资源,通过运用先进的大数据建模技术,对来自第三方平台的网约车企业运营许可、车辆注册信息及驾驶员资质数据等数据,以及来自公安系统内的电子警察、车辆基本信息、驾驶员背景资料、人口库、犯罪人员库数据和来自联通公司分公司的联通数据等海量数据信息进行深度挖掘与分析,从而识别并量化"无合法运营资质上路运营数据"和经营时长。进一步,系统通过分析高风险网约车频繁经营的地点和时段,构建实时动态的高风险网约车聚集热力图、非法网约车活动的热点区域及途经重点区域等,揭示了非法运营行为的周期性规律。可视化的综合分析数据不仅显著提升了风险预警的精准度与及时性,还以直观、醒目的方式向相关部门和公众传达了潜在的安全隐患信息,有效促进了城市交通秩序的规范与安全水平的提升(见图3.5)。

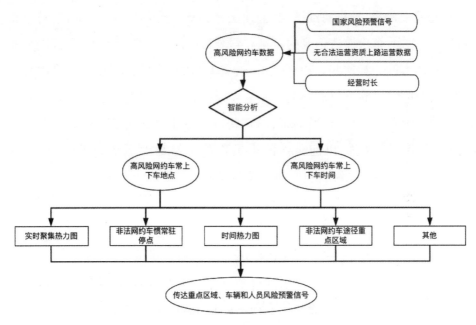

图 3.5　A 市高风险网约车风险预警生成图

A 市网约车监管模型通过多维数据融合实现人员和车辆的数据关联,并据此打造一系列重点应用场景:如通过"黑名单"与电子警察轨迹数据共享,实现重点区域预防性监控,预判并标记潜在非法网约车进入重点区域的可能;同时系统通过整合"黑名单"信息与车辆、驾驶员侧数据,辅以公安部门提供的车辆驾驶员身份信息、注册登记信息、违章历史等多元数据,实现事前核查网约车实际驾驶员犯罪记录、危险驾驶记录及车辆检验有效性等关键指标。网约车监管中数据共享模式的实现解决了传统网约车监管中存在的数据源单一、时效性差、利用率低、共享壁垒及缺乏科学分析研判等问题。在此基础上,A 市网约车监管形成了实时动态监控、科学精准研判以及事前预警、事中监控及事后追溯的全过程监管闭环。此模式不仅优化了执法资源的配置,提升了执法人员调度的科学性,还极大地缓解了执法过程中的取证难、执行难等挑战,显著增强了执法效率和效果。同时,它也促进了监管部门对于数据获取和数据分析能力的开发,为构建更加透明、高效、智能的网约车监管体系奠定了坚实基础。

"最重要的是,数据打通了,我们执法办案有了更多抓手。比如说,可以将有过闯卡逃逸、多次违法记录的车辆和驾驶员纳入重点监管名单,督促网约车平台下线处理,一旦这些车辆再次上线,我们能够及时发现,并依据自由裁量基准从严从重处罚;可以对各网约车平台企业每月合规率情况实行监测,并将有关数据进行点对点的精准通报,对这些以信息化著称的平台形成一种强力的执法震慑。而这些,以前是执法人员再苦再累都干不来的。"(访谈记录004——A市交通运输综合行政执法总队某队员)

(二)技术对等

A市在面对网约车这一交通运输新业态的监管挑战时,展现了对技术赋能监管的深刻认知与实践创新。通过数字技术的有效嵌入,弱化市场监管对人力、经验的依赖,突破传统断层取证的路径依赖,成功构建了一个线上线下深度融合的监管体系。这一成果不仅体现A市对大数据、区块链、云计算以及城市感知网等先进技术应用的重视,还深刻体现了政府在城市交通治理工作中对互联网思维的充分运用。高度智能化的网约车预警模型,不仅实现了对网约车行业的精准与智能监管,有效满足了数智时代对监管效能的更高要求,还进一步推动了政府治理能力向现代化的迈进。在风险预警环节,预警模型能够即时接收并整合国家"互联网+监管"平台推送的风险信息,依托多维度数据分析技术,生成网约车实时分布热力图,直观展示潜在风险区域,为现场执法与资源分配提供了科学依据。为了确保监管措施的有效落地,A市还开发了专门的监管移动应用程序(App)并与布控摄像头系统联动,实现对非法网约车运营行为的快速识别与精准打击。

"传统凭经验逐车排检的执法方式不仅取证效率低下,且易引起交通拥堵,经过研究,我们决定用科技提效率、用技术促能力、用数字上水平,将提前预警、精准锁定、实时取证等需求融于一套数字化场景中,努力实现执法最好的综合效果。"(访谈记录005——A市交通运输综合行政执法总队某领导)

A市"互联网+监管"App集成了监管对象查询、双随机抽查与风险核查任务、跨部门协同作业、公众投诉举报处理、移动执法反馈及实时数据采集等多样化功能于一体的监管执法移动平台,为各级执法人员提供了任务承接、进度反馈、监管行为记录及电子执法凭证展示等核心服务,显著增强了执法的灵活性与即时性。在执法准备阶段,执法人员通过App预先获取风险预警信息,查询监管对象的信用风险状况、检查与处罚历史信息,随时获取非法运营车辆实况。路面移动布控设施系统,特别是"布控摄像头"的部署,能够通过数字化治理模型筛选出非法运营黑名单数据,配合具备3秒抓拍取证功能的智能终端联合使用,实现对特定车辆的快速识别与追踪。最后,依据热力图风险信号提前部署于检查点前100米至200米处,当非法网约车进入预设区域时,系统即时触发预警,前方、后方执法人员通过无线通信紧密协作,实现对违法车辆的精确拦截与高效查处。执法过程中,执法人员可以通过"互联网+监管"系统及时获取包括载客时间、驾驶里程、订单金额、订单完成时间、结算时间、历史订单在内的各类车辆信息,为现场执法提供了翔实、精确的执法依据。笔者深度参与了A市某区交通执法支队的执法活动,执法人员仅10分钟就可以对2辆非法网约车实施抓捕,执法效能得到大幅提升。动态化、智能化的网约车监管预警模型颠覆了传统依赖经验、易被规避的被动监管模式,实现监管部门的精准研判与随机抽查的主动执法。同时,技术手段的升级过往监管在执法取证、证据固定等方面的漏洞。随着技术的广泛应用及其与新监管场景的深度融合,监管部门与监管对象之间的技术差距被显著缩小,促进了监管效能的整体提升与监管生态的优化重构。

(三)思维对等

网约车作为互联网技术的衍生产品,对其有效监管机制的构建也深植于政府对互联网思维的洞察与应用。互联网思维不仅在于前沿技术创新,更在于这些技术如何精准对接社会挑战与商业逻辑,进而推动政府监管策略与手段的智能化转型。当前,我国网约车监管体系仍未实现数字时代的思维更新,多数监管决策仍过度依赖传统的人工经验与直觉判断,监管与执法队伍的数字素养难以匹配数字经济的高标准要求。A市作为"互联网+监管"系统多级联动应用的先锋,积极探索如何将互联网思维深度嵌入非法网约车监管实践中。在构建网约车预警模型时,A市秉持"大数据与交通运营车辆管理深度融合"的战略导向,勇于打破传统经验主义与政策指令的思想束缚,将技术的学习与应用作为监管模式创新的重要思路。而且,随着非法网约车监管模型的逐步应用与优化,其展现出的数字技术赋能执法的显著成效,不仅赢得了基层执法人员的广泛赞誉,也进一步激发了他们主动学习、深入理解数字技术与互联网思维的热情,促进了监管队伍能力结构的现代化转型。

"新技术所带来的便利和高效是有目共睹的,不论是在人力部署还是检查的精准度和速度上都得到极大提升,我们工作人员在实际执法中明显感觉到了学习技术的好处,也都不断地在积极去学习使用互联网技术。"(访谈记录006——A市交通运输综合行政执法总队某领导)

另外,A市在非法网约车监管预警模型建设过程中,精心策划了多种形式的工作推进会议和培训交流活动,鼓励公务员群体加强对互联网特性及运作规律的学习与认知,并促进其积极将这些见解融入非法网约车监管实践中。培养了开放包容、创新驱动、协同合作、资源共享及持续学习的文化氛围,为监管工作注入新的活力与智慧,满足数字时代下的非法网约车监管创新的内在需要。

(四)机制对等

传统网约车监管模式更倾向于政府单方的强制性干预,通过直接的命令与控制机制以及后续的惩罚问责来维护市场秩序。然而,这种传统模式未能顺应平台经济的发展逻辑与特性,刚性的惩罚策略与市场经济的灵活性与创新性要求存在冲突,进而导致监管成效有限,难以有效应对网约车行业的复杂挑战。A 市在网约车监管领域的监管创新中,摒弃了传统的负面惩罚机制,依托平台建设,构建了一种以网约车企业合规率为核心评估指标的正负双向监管体系。该体系通过综合运用正面激励与负面约束,引导并促进市场向更加规范、有序的方向发展。具体而言,以平台数据为支撑,A 市交通运输委执法总队能够实时统计并分析网约车平台的合规情况,按月监测其合规率动态。针对不合规的网约车平台,A 市采取了更为柔性的监管措施,如组织约谈会议,详细通报其订单量、车辆与驾驶员合规率、月度与区域合规率等内容,督促不合规企业及时做出整改。此举不仅增强了监管的透明度和针对性,还促使了企业主动响应,如某出行平台于 2021 年 11 月向交通运输执法总队递交了《某平台出行网约车合规化工作方案》,并作出当年年底前合规率达到 70% 以上的承诺。这种监管策略的转变,实质上是将传统的"查处非法、倒逼合规"的被动机制,与"主动引导、正向激励"的主动机制相结合,形成了一种更加灵活、高效的监管激励机制。

(五)体制对等

传统网约车监管体系往往构建于垂直化、层级分明的科层制结构,通过自上而下的命令传导与专业细分的部门单位实施监管与执法。传统监管模式的科层制特征,不仅影响了监管部门资源调配、数据利用与信息流通的效率,还进一步加剧了监管主体与监管对象在数据技术等领域的不均衡性。因此,A 市在网约车智慧监管的探索过程中,展现出对跨部门合作治理架构构建的高度重视,改变传统监管的思维与体制框架,转而利用互联网平台推动监管模式的创新与升级。在具体实践中,A 市依托"互联网+监管"风险预警子系统,实现了对网约车运营状况的动态监测,通过定期识别非法网约车活动的高发区域,并即时向各区交通运输执法部门推送信息,显著提升了执法资源的配置效率与响应速度,推动了传统监管模式向"互联网+监管"模式的深刻转型。此外,A 市积极倡导协同监管理念,致力于打破部门壁垒与信息孤岛,构建了涵盖网信、公安、交通、政务、平台企业等多方参与的数据共享机制。这一举措不仅促进了监管资源的有效整合，还催生了协同共治、共管的新模式，推动政府监管向开放合作的模式转变。市区两级执法部门间的纵向风险预警信息智能联动，以及市级层面跨部门政务数据深度共享，有效弥补了科层制在资源调配效率上的固有局限。

（六）文化对等

A市在网约车风险预警模型建设过程中，高度重视开放、创新与学习导向的文化氛围，突破了封闭与保守的文化桎梏，积极拥抱数字技术赋能监管实践，通过实时定位、动态追踪等前沿技术，成功构建对网约车这一新兴业态的智能、高效监管体系。为进一步释放"互联网+监管"系统的应用潜能，A市通过组织多层次、多频次的"互联网+监管"系统应用工作推进培训会，实现优秀文化氛围的培育，深化基层业务人员对新兴技术的理解与应用能力，进而提升其数字化素养，确保监管工作的精准性与时效性。值得一提的是，A市交通运输执法总队在推动监管创新的过程中，不仅鼓励个体的自我提升与学习深化，更加重视组织内部的团体学习与协同合作。通过"比学赶超"的激励机制，促进监管人员相互借鉴、共同进步，从而显著提升网约车监管的效能与质量。A市交通运输执法总队的领导层，特别是总队长，以身作则，发挥自上而下的示范效应，鼓励下属勇于探索、积极应用新兴技术。

"我们能顺利建成非法网约车模型，离不开总队领导对我们思维的引导。我们总队队长从公安科信部门调入交通执法总队之后，一直鼓励和督促我们学习新技术，他经常把自己在公安科信部门积累的学习新技术和运用新技术的经验分享给我们，这种熏陶让我们进步很大。"（访谈记录006——A市交通运输综合行政执法总队某领导）

数字技术赋能网约车监管体系构建，不仅促进执法工作的精准化、高效化，同时驱动广大基层执法人员持续学习以巩固并扩大监管效果。A市一线执法人员提供了宝贵启示：这一监管新业态为A市监管执法人员带来了宝贵启示:必须不断锤炼随机应变的能力,强化学习机制,力求成为既精通业务又掌握先进技术的复合型、创新型人才。在执法队伍内部一种勇于尝试、勤于学习、崇尚创新的文化氛围蔚然成风,成员间相互借鉴、共同进步,实现网约车监管能力的跃升。这种围绕数字技术的学习文化,不仅促进了基层执法人员数字素养与数字领导力的提升,还帮助他们更加游刃有余地应对大数据时代下新经济、新业态的快速发展带来的监管挑战。A 市构建的学习型组织文化不仅成为网约车监管模型不断完善与优化的内在驱动力,更成为网约车监管策略不断更新的关键因素。A 市培育的学习型组织文化成为其组织创新的不竭源泉,并在快速变化的监管环境中充分展示了其对于提升监管效能、促进监管创新的重要意义。

五、结论

适应性治理理论经典框架聚焦于治理环境的复杂多变性、治理主体结构的层次性、情境适应性、动态学习机制以及主体间的协同互动。本节将适应性治理理论从经典的基层治理、社区治理和环境治理等场域,拓展至技术革新背景下的"数智化"治理场域之中(见图 3.6)。通过对案例在"数智化"场域中治理过程的深入分析,本节主要有四点发现。

第一,在技术革新背景下的数智化治理场域中,适应性治理主要体现为以技术更新下的环境因素对政府适应性治理的形成存在更明显的约束。尽管监管主体仍秉持学习与合作的观念,但面对治理环境的动态变化,其首要任务已转变为破解数据和技术的深层次制约。A 市网约车监管模型的效能展现,高度依赖于非法网约车的场站精准定位信息、通过后的实时预警信号以及执法人员手中的实时更新信息等一系列技术支持。如果缺乏相关技术的支持和动态数据的实时更新,高效准确的风险预警模型就无从建立。进一步而言,监管部门在技术更新与数据整合方面的精进,也是监管主体主动识别与监管客体的技术差距,并致力于缩小乃至消除这些差距的过程体现。

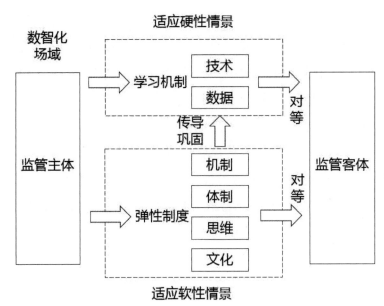

图 3.6　数智化场域下适应性治理示意图

第二,在数智化治理场域内,适应性治理维度进一步拓展至监管主体内部,深刻表现为正负向激励机制的完善、组织机构的重构以及组织文化的更新,以适应治理环境与治理客体存在的软性约束条件。与技术更新、数据利用等直接影响治理成效的硬性制约因素相比,组织内部的激励机制、组织结构、组织文化等因素更多扮演着治理过程中的软性制约因素。以 A 市网约车平台为例,其核心竞争优势无疑根植于治理中的技术创新,而其正负向的激励机制、平台化的组织结构以及灵活的互联网思维转换主要服务于强化和放大这一技术优势。当监管主体实现思维理念的转换,实现机制弹性的拓展与创新型组织文化的构建,在实现技术创新效果巩固与拓展的同时,也实现对治理场域中软性影响因素的全面适应。

第三,在数智化治理的复杂场域中,适应性治理的核心驱动力聚焦于学习机制的构建,组织的自我学习与更新成为其技术更新与思维转换的重要桥梁。数智时代下,监管主体的学习路径呈现出双轨并行的特征:其一,通过直接的知识汲取,聚焦于技术与数据领域的专业知识;其二,推动组织学习环境与思维观念的革新,通过营造积极的学习氛围、激发创新思维,为技术革新与制度变迁铺设顺畅的传导路径,同时激发组织内部和组织之间评优争先的热情,持续推动组织的技术革新与制度优化。在 A 市网约车监管的具体实践中,监管主体深刻认识到互联网、大数据、云计算等数字技术对于提升监管效能的关键作用,通过持续学习完成对认知、观念、思维的更新。在此过程中,学习不仅成为网约车监管中风险预警模型开发的原动力。更是引导监管主体主动调整组织机制、优化体制结构、塑造优秀组织文化的核心策略。通过学习深化以及对技术的理解与应用,监管主体能够更有效地整合技术资源,同时灵活调整内部管理框架,确保技术知识的高效获取与深度融合,从而在数智化治理的浪潮中稳步前行。

第四,在数字经济的广阔场域中,适应性治理的目标精髓可凝练为"对等监管"。这一原则揭示了数智时代下监管主体为保证市场秩序所面临的挑战与应对策略:即监管主体需确保自身在技术能力、制度构建等方面与监管对象保持同步甚至超越,方能有效承担监管的责任,实现数字经济的有序发展。在技术日新月异、数据洪流涌动的数智时代,若监管主体在技术更新、数据处理、创新思维、文化适应、机制优化及体制革新等方面相较于监管对象存在滞后,将难以胜任监管任务。因此,组织学习成为监管主体弥补鸿沟、实现与监管对象能力对等的关键途径。

本章参考文献

[1]罗英,钟光耀.面向共享经济的政府监管创新研究[J].湖南社会科学,2018(02):121-126.

[2]蔡朝林.共享经济的兴起与政府监管创新[J].南方经济,2017(03):99-105.

[3]朱光磊,张梦时."放管服"改革背景下的审管关系演进逻辑[J].南开学报(哲学社会科学版),2021(06):1-10.

[4]孟天广.政府数字化转型的要素、机制与路径——兼论"技术赋能"与

"技术赋权"的双向驱动[J].治理研究,2021(01):5-14.

[5]北京大学课题组,黄璜.平台驱动的数字政府:能力、转型与现代化[J].电子政务,2020(07):2-30.

[6]范如国.公共管理研究基于大数据与社会计算的方法论革命[J].中国社会科学,2018(09):74-91.

[7]丁蕖.科层制政府的数字化转型与科层制危机的纾解[J].南京大学学报(哲学·人文·社会科学),2020(06):112-120.

[8][美]丹尼尔·F.史普博.管制与市场[M].余晖,等,译.上海:上海人民出版社,1999.

[9][日]植草益.微观规制经济学[M].朱绍文,胡欣欣,等,译.北京:中国发展出版社,1992.

[10]吴帅."互联网+"背景下政府市场监管策略创新[J].北京社会科学,2020(12):100-106.

[11]王萌萌."互联网+"背景下新兴业态的市场监管问题研究[J].安徽行政学院学报,2016(03):78-82.

[12]黄璜,成照根."互联网+监管":政策演变与模式划分[J].电子政府,2019(07):68-78.

[13]郁建兴,朱心怡."互联网+"时代政府的市场监管职能及其履行[J].中国行政管理,2017(06):11-17.

[14]Finger M, Pécoud G. From e-Government to e-Governance? Towards a model of e-Governance[J]. *Electronic Journal of e-Government*, 2003(01):52-62.

[15]Lubega J, Niyitegeka M. *Integrating e-Supervision in higher educational learning*[M]//Aisbett J, Gibbon G, Rodrigues A J, et al. Strengthening the Role of ICT in Development. Kampala:Fountain Publishers, 2011.

[16]张家林.监管科技(RegTech)发展及应用研究——以智能投顾监管为例[J].金融监管研究,2018(06):76-93.

[17]杨东.监管科技:金融科技的监管挑战与维度建构[J].中国社会科学,2018(05):69-91.

[18]马英娟.监管的概念:国际视野与中国话语[J].浙江学刊,2018(04):49-62.

[19]顾平安."互联网+政务服务"流程再造的路径[J].中国行政管理,2017(09):28-31.

[20]薛澜,赵静.新兴产业发展与适应[J].公共管理评论,2016(02):3-6.

[21][德]韩博天.红天鹅:中国独特的治理和制度创新[M].石磊,译.北京:中信出版社,2019.

[22]张乐.新兴技术风险的挑战及其适应性治理[J].上海行政学院学报,2021(01):13-27.

[23]唐小斌,敦雪梅,满艺.多角度破除出租车行业垄断——由北京出租车调价说起[J].法制与经济,2014(12):12-14.

[24]李玉娟.出租车行业经营模式与管理制度存在的弊端及其治理见解[J].现代财经,2010(08):48-53.

[25]陈明艺.国外出租车市场规制研究综述及其启示[J].外国经济与管理,2006(08):41-48.

[26]Shreiber C. The Economic Reasons for Price and Entry Regulation of Taxicabs[J]. *Journal of Transport Economics and Policy*, 1975(03): 268-293.

[27]COFFMAN R B. The Economic Reasons for Price and Entry Regulation of Taxicabs: A Comment[J]. *Journal of Transport Economics and Policy*, 1977(11): 288-297.

[28]TEAL R F,Berglund M. The Impacts of Taxicab Deregulation in the USA[J]. *Journal of Transport Economics and Policy*, 1987, 21(01):37-56.

[29]陈煜儒.停运风波能否叫停出租车特许经营[N].法制日报,2008-11-14(008).

[30]我国多地出租车罢运 专家:打破垄断势在必行 http://news. xin-huanet. com/yuqing/2015-01/14/c_127384685. htm.

[31]高鸿业.西方经济学(微观部分)[M].北京:中国人民大学出版社,2007.

[32][英]约翰·梅纳德·凯恩斯.就业、利息和货币通论[M].宋韵声,译.北京:华夏出版社,2005.

[33][美]保罗·A·萨缪尔森,威廉·D·诺德豪斯.经济学(第12版)[M].高鸿业,等,译.北京:中国发展出版社,1992.

[34] PRODUCIVITY COMMISSION. *Regulation of the Taxi Industry*[R]. Ausinfo, Canberra,1999.

[35][美]戴维·韦默,[加]艾丹·R·瓦伊宁.公共政策分析:理论与实践(第四版)[M].刘伟,译校.北京:中国人民大学出版社,2012.

[36]陈明艺.出租车市场组织形式管制效果分析———上海市出租车市场调查[J].城市问题,2012(06):81-86.

[37]史际春,肖竹.公用事业民营化及其相关法律问题研究[J].北京大学学报(哲学社会科学版),2004(04):79-86.

[38]李虹,黄成明.国外特许经营研究的理论综述[J].经济纵横,2005(02):77-79.

[39]陈洪博.论公共事业的特许经营[J].深圳大学学报(人文社会科学版),2003(06),13-17.

[40]张鹏.新经济环境下数字化转型对出租车企业管理水平提升的影响研究[J].中国集体经济,2024,(10):65-68.

[41]白雪.份子钱的前世今生:出租车业垄断格局如何形成[J].决策探索,2012(06):33-35.

[42]陈明艺.进入限制、价格管制与黑车泛滥——来自北京、上海出租车市场的经验分析[J].山西财经大学学报,2007(11):61-67.

[43]田帆,常兴华.专车运行模式及政策评价[J].经济与管理研究,2016

(06):98-104.

[44]王仁和,李兆辰,韩天明,等.平台经济的敏捷监管模式——以网约车行业为例[J].中国科技论坛,2020(10):84-92.

[45]谭海波,王英伟.分享经济的监管困境及其治理[J].中国行政管理,2018(07):20-24.

[46]宋爽,王帅,傅伯杰,等.社会—生态系统适应性治理研究进展与展望[J].地理学报,2019,74(11):2401-2410.

[47]Thomas Dietz,Elinor Ostrom,Paul C. Stern. The Struggle to Govern the Commons[J]. *Science*,2003,302(5652).

[48]张克中.公共治理之道:埃莉诺·奥斯特罗姆理论述评[J].政治学研究,2009(06):83-93.

[49]范冬萍,何德贵.基于 CAS 理论的社会生态系统适应性治理进路分析[J].学术研究,2018(12):6-11+177.

[50]李文钊.理解治理多样性:一种国家治理的新科学[J].北京行政学院学报,2016(06):47-57.

[51]CARL F,THOMAS H,PER O,JON N. Adaptive Governance of Social-ecological Systems[J]. *Annual Review of Environment and Resources*,2005,15(30):441-473.

[52]方堃,姜庆志,杨毅.政府公共危机治理中的学习与组织结构变革研究——以复杂适应性为线索[J].大连理工大学学报(社会科学版),2012,33(01):95-100.

[53]王绍光.学习机制与适应能力:中国农村合作医疗体制变迁的启示[J].中国社会科学,2008(06):111-133+207.

[54]尹利民,余孟珍.适应性治理:中国基层治理的特性及其影响——基于乡镇政权属性的分析视角[J].学习论坛,2020(09):70-77.

[55]杨宏山,李沁.政策试验的注意力调控与适应性治理[J].行政论坛,2021,28(03):59-67.

[56]石绍成,吴春梅.适应性治理:政策落地如何因地制宜?——以武陵大卡村的危房改造项目为例[J].中国农村观察,2020(01):44-60.

[57]林雪霏.放权社区:基于政策适应性的治理结构创新——以C市集体产权改革的政策过程为例[J].中国行政管理,2020(05):106-113.

[58]崔晶.基层治理中的政策"适应性执行"——基于Y区和H镇的案例分析[J].公共管理学报,2022,19(01):52-62+168.

[59]田先红.适应性治理:乡镇治理中的体制弹性与机制创新[J].思想战线,2021,47(04):116-127.

[60]郑雨婷,朱华桂.利益相关者理论视角下的社区抗逆力提升路径探索[J].天津行政学院学报,2019,21(06):87-95.

[61]李志强,曹杰.组织适应性视域的城市社区应急治理——"过程—情境"式解释范式的案例分析[J].南通大学学报(社会科学版),2022,38(02):84-94.

[62]张乐.新兴技术风险的挑战及其适应性治理[J].上海行政学院学报,2021,22(01):13-27.

[63]朱正威,吴佳,黄杰.复杂适应性视角下的政府风险治理——以兰州水污染事件为例[J].江苏行政学院学报,2016(03):103-112.

[64]马长山.智慧社会建设中的"众创"式制度变革——基于"网约车"合法化进程的法理学分析[J].中国社会科学,2019(04):75-97+205-206.

[65]杨志军,欧阳文忠.网约车改革实践如何形成渐进学习型政策变迁?——基于政策学习与社会学习的双维度分析[J].湘潭大学学报(哲学社会科学版),2021,45(03):17-24.

[66]董石桃,蒋鸽.渐进性调适:公众议程、网媒议程和政策议程互动的演进过程分析——以"网约车"政策出台为研究对象[J].中国行政管理,2020(01):99-105.

[67]马亮,李延伟.既得利益、多重动机与分享经济治理:中国城市网约车监管政策的实证研究[J].甘肃行政学院学报,2018(05):4-10+125.

[68]李晓方.理念、激励与共享经济的敏捷治理:基于地方政府网约车监管实践的实证分析[J].中国行政管理,2019(06):42-48.

[69]丁一志.动机、规避与分化:网约车管制下央地政府行为分析[J].齐鲁学刊,2020(04):118-126.

[70]蔡瑞林,庄国波.分享经济时代政府监管方式的创新路径——以网约车新政为例[J].内蒙古社会科学(汉文版),2017,38(05):132-139.

[71]张茂元,廖安.技术视角下的互联网平台监管研究——以网约车平台为例[J].行政论坛,2021,28(06):114-121.

[72]王俐,周向红.结构主义视阈下的互联网平台经济治理困境研究——以网约车为例[J].江苏社会科学,2019(04):76-85.

[73]唐清利."专车"类共享经济的规制路径[J].中国法学,2015(04):286-302.

[74]任佳艺,沈开举.论我国网约车规制中的动态合作体系建构[J].河南社会科学,2020,28(04):82-89.

[75]王首杰.激励性规制:市场准入的策略?——对"专车"规制的一种理论回应[J].法学评论,2017,35(03):82-95.

[76]叶正国.网络预约出租汽车的回应型法律规制[J].电子政务,2018(01):39-46.

[77]张毅,王宇华,黄菊,等.信用监管何以有效?——基于后设监管理论的解释[J].中国行政管理,2021(10):81-87.

[78]贾开.数字平台经济的分配影响与治理改革[J].电子政务,2022(05):69-78.

[79]李振,王倩雯.监管中的技术不对称赋权:以中国的健康养生信息监管为例[J].东方学刊,2021(02):57-69+122-123.

[80]田和璧.共享单车市场中的地方政府监管效果与优化[J].长白学刊,2020(05):76-84.

[81]吴文强,朱侃.信息技术应用的双重逻辑及其对政府治理效能的影

响——来自 G 市 D 区的经验证据[J].电子政务,2021(08):116-124.

[82]钟伟军.技术增负:信息化工具为什么让基层干部压力重重?——基于扎根理论的探索性研究[J].电子政务,2021(10):116-124.

[83]马英娟.走出多部门监管的困境——论中国食品安全监管部门间的协调合作[J].清华法学,2015,9(03):35-55.

[84]周志忍,蒋敏娟.中国政府跨部门协同机制探析——一个叙事与诊断框架[J].公共行政评论,2013,6(01):91-117+170.

[85]魏巍."智能合约"能解决政府部门间的协调问题吗?——基于逻辑理性和技术理性的双重视角[J].北京行政学院学报,2021(03):62-69.

[86]高奇琦.将区块链融入科层制:科层区块链的融合形态初探[J].中国行政管理,2021,(07):70-77.

[87]赵志远,贾义猛.放管服改革视角下行政审批局模式的再思考——基于邯郸市市县两级行政审批局的实践[J].中国机构改革与管理,2020,(09):12-17.

[88]周望.超越议事协调:领导小组的运行逻辑及模式分化[J].中国行政管理,2018,(03):113-117.

[89]朱春奎,毛万磊.议事协调机构、部际联席会议和部门协议:中国政府部门横向协调机制研究[J].行政论坛,2015,22(06):39-44.

[90]武汉市行政审批与监管联动实施办法(试行)[EB/OL].(2023-07-21)[2024-03-19].https://jgswgl.wuhan.gov.cn/xxgk_59/zc/zcwj/202308/t20230823_2251949.shtml.

[91]西安市加强审管联动提升事中事后监管效能工作方案[EB/OL].(2021-10-12)[2024-03-19].http://xzspj.xa.gov.cn/zwgk/zcwj/bmwj/61bc508ef8fd1c0bdc75f152.html.

[92]国务院关于加强数字政府建设的指导意见[EB/OL].(2022-06-23)[2024-03-19].https://www.gov.cn/zhengce/content/2022-06/23/content_5697299.htm.

[93]黄璜.中国"数字政府"的政策演变——兼论"数字政府"与"电子政务"的关系[J].行政论坛,2020,27(03):47-55.

[94]北京大学课题组,黄璜.平台驱动的数字政府:能力、转型与现代化[J].电子政务,2020,(07):2-30.

[95]胡税根,徐靖芮.我国政府权力清单制度的建设与完善[J].中共天津市委党校学报,2015,(01):67-77.

[96]胡业飞,向淼.作为新兴治理工具的政务服务标准:功能与逻辑[J].中国行政管理,2023,(01):21-28.

[97]黄翠萍,郭斌.北京市政务服务事项标准化实践与探索[J].中国标准化,2021,(10):37-43.

[98]徐晓林,明承瀚,陈涛.数字政府环境下政务服务数据共享研究[J].行政论坛,2018,25(01):50-59.

[99]魏巍.数字转型实践中的"互联网+监管":内涵、机制与价值[J].地方治理研究,2023,(02):2-14+78.

[100]王宏宇,吴仲铠.以证照分离告知承诺为重要抓手建立健全联动机制实现审管无缝衔接[J].中国信息化,2022,(05):56-58.

[101]王宏宇,吴仲铠,厉培培."放管服"改革背景下监管清单数字化探索——以浙江省为例[J].电子政务,2022,(05):93-98.

[102]卢护锋.信用惩戒滥用的行政法规制——基于合法性与有效性耦合的考量[J].北方法学,2021,15(01):77-90.

第四章 数字时代政府公务员的能力重塑

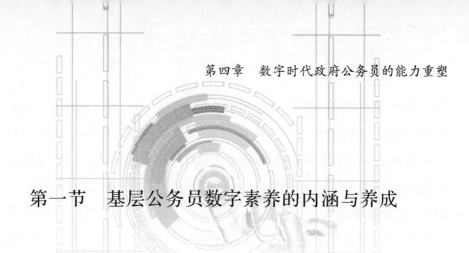

第一节 基层公务员数字素养的内涵与养成

随着人工智能、大数据等新兴技术等前沿技术的蓬勃兴起,社会秩序结构与认知范式正经历深刻变革,不仅重塑了社会秩序的经纬,也掀开了政府治理理念和治理方式的转型新篇章。在党的十九大精神指引下,党中央与国务院敏锐洞察全球数字化、网络化、智能化的浪潮,将数字政府和数字社会建设置于战略高度,密集出台了一系列政策与规划蓝图,加快推进国家治理体系与治理能力的现代化进程。《中华人民共和国国民经济和社会发展第十四个五年规划和 2035 年远景目标纲要》以及《国务院关于加强数字政府建设的指导意见》等政策文件均明确数字政府建设的重要性与紧迫性,并指出数字政府建设是适应新一轮技术变革浪潮,是营造良好数字生态的必然要求,也是推进国家治理体系和治理能力现代化的重要举措[1]。

古希腊哲学的观点之一为人乃万物之准绳。人民的幸福指数的提升始终是我国数字化改革措施的明确目标。而基层公务员作为我国政府科层的神经末梢和政策的实际执行,其数字素养的高低直接影响到数字政府战略的实施以及数字社会的建设成效。传统社会伦理秩序正遭遇城乡差异、年龄差距、知识结构带来的数字鸿沟、隐私伦理等问题。为有效应对数字时代下社会运行与政府治理面临的各种问题,2021 年,中央网络安全和信息化委员会印发《提升全民数字素养与技能行动纲要》,对提升公民的数字素养与技能作出安排部署,以弥补数字鸿沟,实现社会公平[2]。

从中央视角落实到基层视角,广大基层的工作干部作为政府沟通群众的神经末梢,其数字素养成为衡量数字政府建设质量与服务效能的关键指标。然而,现实挑战不容忽视:由于传统思维障碍、心理抵触以及工作环境剧烈变化等因素,部分基层公务员无法适应数字时代政府使用的先进技术及面临的复杂问题,衍生出"指尖形式主义"、技术反噬及数据冗余等治理困境。因此,如何在政府数字化转型过程中,强化基层干部的数字素养培育,促进其思维模式的迭代升级,成为理论研究与实践探索的共同焦点。通过界定基层公务员数字素养的范畴并结合基层工作特性,本节将探讨会对基层公务员数字素养构建的各类制约与促进因素。在此基础上,提出一套系统性、针对性的提升策略,推动基层公务员数字素养的全面跃升,进而为数字政府建设与国家治理现代化奠定坚实的人才基础[4]。

一、基层公务员数字素养概念的理论渊源

数字素养是素养体系中的一个新兴且关键的二级概念,其诞生根植于社会数字化转型的深刻背景之中,展现了素养概念随时代变迁而不断演进的动态特性。素养,这一核心概念,本质上蕴含了素质与涵养的双重意涵,其内涵的丰富性与多样性源于与不同时代特征及行业情境的深度融合。信息时代的冲击孕养出信息素养内涵;传媒的发展让社会认识媒介素养;大数据时代的到来,数据素养进入学界视野。随着数字时代到来,要精准界定数字素养内涵,就不得不深入分析信息素养、媒介素养与数据素养的形成脉络与核心特质

信息素养的提出,可追溯至互联网初现曙光之时,旨在应对信息爆炸带来的挑战,强调在信息筛选、保留和应用方面的新能力构建。面对"黄色新闻潮"等信息失序现象,信息素养的内涵逐渐从单纯的技术与知识维度,拓展至信息链接与批判性思维的层面。1992 年,为回应时代趋势,美国媒体素养中心形成了对媒介素养的定义,即信息筛选、解读、评价以及创新和内容生产的能力。

数据素养诞生于信息大爆炸的时代背景,聚焦于数据采集、处理、分析及

共享等全链条数据活动中的道德规范与技术能力。随着实践的深化,数据素养的概念逐渐形成,数据获取及数据驱动的问题解决能力成为这一概念的核心内涵。

数字素养最早指数字社会生活应备的素养[5],其概念由以色列学者约拉姆·埃谢特-阿尔卡莱(Yoram Eshet-Alkalai)于1994年率先提出,后经保罗·吉尔斯特(Paul Gilster)[6]等多位学者的深化研究,成为信息管理领域的研究热点。阿尔卡莱将信息素养与社会情感结合,缔造了数字素养的初步概念,并随着技术发展与政府实践深入,加入了批判思维方式与数字化的问题解决能力[7]。英国联合信息系统委员会指出数字时代人们实现生存、学习、工作、发展和进步所需要的技术和能力即是数字素养[8]。波兰学者艾伦·马丁(Allan Martin)[9]与其他同仁深化了数字素养的概念层次,形成了一个从生活所需的基础数字能力到数字技术的灵活使用,再到数字意识的觉醒和技术应用策略创新的完整路径。

数字素养承接了信息素养与数据素养的内涵,但其跨领域的综合性赋予其时代下的特殊性。数字时代下基层公务员需要的数字素养不仅要求技术灵活应用,更强调思维模式的更新。相比媒介素养,数字素养体现了更高层次的综合素养要求,不仅要求个体的技术操作能力,还强调对网络信息的独立判断能力。因此,数字素养作为信息素养、数据素养及媒介素养等概念的融合与升华,涵盖了技术、信息、交流创作等多个维度,构成了当代人才必备的知识结构和技能素养。这一素养体系强调在个人数字化专业领域的深入发展,并拥有通过持续教育和训练而不断提高的能力。

二、基层公务员数字素养概念内涵和意蕴价值

(一)基层公务员数字素养概念内涵

在数字化与智能化交织的当代社会背景下,"数字素养"这一概念应运而

生,它深刻映射了时代变迁对个体能力结构的重塑需求。对于政府体系而言,基层公务员作为政策执行与社会服务的前沿力量,其能力素质的提升成为顺应"数智"时代浪潮的必然之举。这一提升过程,不仅聚焦于数字技术应用能力的硬实力增强,更蕴含了思维意识层面的深刻转型与革新,共同构成了数字素养的多维度内涵。本节重点分析数智时代下治理环境对基层公务人员数字素养提出的多维要求。

1. 数据维度

数据维度的数字素养不仅涵盖了对基层公务人员数据获取、评估与处理的实践技能要求,还深刻蕴含了相应的知识体系与意识形态构建。数字化背景下,政府作为公共数据资源的庞大持有者,其管理效能的提升高度依赖于基层公务员在数据维度上的综合素养。具体而言,数据素养在基层公务员群体中表现为三个核心维度:专业技能、数字知识和数据意识。专业技能是基层公务员将数据潜力转化为实践效能的关键。这包括但不限于运用现代信息技术手段,对海量、复杂的公共数据进行有效收集、整理、分析与应用的能力。高效精准地提炼数据需求,结合业务实际,运用数据分析工具解决实际问题,是此维度素养的直接体现。数字知识是基层公务员构建全面数据素养的理论支撑。这涉及对数据科学基本原理、统计方法、数据分析模型等深层次理论知识的了解与掌握,从而帮助公务员能够更准确地解读数据背后的规律与趋势,为科学决策提供更加坚实的理论依据。数据意识要求基层公务员能够深刻认识到数据作为信息时代核心资源的重要性,主动培养从数据视角审视问题、分析问题的习惯,对数据的生成机制、价值潜力及潜在影响保持高度的敏感性与洞察力。培育基层公务员的数据素养,必须全面融合技能、知识和意识,实现基层干部的全方位发展。

2. 技术维度

在技术维度上,基层公务员的数字素养培育重点在于让他们深入理解数字化技术的发展,并能高效地应用这些技术,这样的能力是基层公务员适应数字时代治理方式的关键。数字时代,技术不仅是连接数据这一关键生产要素与实际应用之间的桥梁,更是实现数据价值最大化的关键途径。政府数字化转型中的技术体系涵盖了从互联网基础设施、软件解决方案到前沿应用技术的广泛范畴,既包含能够实现数据全面采集、安全存储、精细清洗及深度挖掘分析的大数据技术,还包括对机器学习、深度学习、自然语言处理等人工智能技术的融合应用。得益于技术的发展,政府公共服务供给的智能化与个性化水平迅速提升,政府日常运作及职能的发挥日益依赖于数字平台与软件系统的支撑。鉴于此,基层公务员虽无须成为各技术领域的专家,但应当掌握数字技术的基础操作方法,并熟知它们实践中的具体应用。技术维度的素养是整个数字素养培育体系的根本,基层队伍技术能力的提升不仅为其他维度的数字素养培育提供了坚实的技术支撑,也促进了整体数字素养体系的协调发展,确保了政府数字化转型的顺利推进与成效的持续优化。

3. 交流维度

数字素养在交流层面上,具体表现为数字情境下基层公务员通过沟通协作、舆论引导完善党群、政民关系的综合能力。鉴于基层公务员角色的非技术专业性,他们无须深入掌握复杂的专业技术知识,但应当具备通过数字技术传达政府政策信息及展示治理价值的能力。基层公务群体是直接面对群众的复杂需求,因此需要展现其在数字时代下的沟通与教育才能。面对数字素养参差不齐的公众用户,他们应擅长运用精练的语言,有效解答疑惑,消除数字鸿沟。同时,政府数字化转型的系统性与平台化特征强调跨部门协作与数据共享的重要性,要求政府各部门能够高效协同解决复杂政务问题。因此,基层公务员需展现出跨领域交流的能力,既能够深入理解并适应不同部门的数字化思维模式,又能有效阐述并彰显本部门业务在数字平台上的独特价值。这种交流维度的素养,不仅促进了政府内部的高效协同,也强化了政府与公众、合作伙伴之间的沟通与信任,是数字素养体系中不可或缺的一环。

4. 学习维度

学习维度的数字素养是指基层公务员构建学习生态、把握学习机遇、融入学习氛围,从而提高自身的技术能力、深化知识素养、更新思维模式。为实现这些目标,基层公务人员需要在繁重的工作任务之外,主动寻求并参与数字化知识学习与培训,紧跟先进技术在治理中的前沿应用,积极适应并引领数字化政务的变革趋势。值得注意的是,政府数字化转型不仅仅是传统技术的简单迭代,而是旨在通过数字化手段整合分散的业务系统,构建一个高度集成、协同运作的组织化数字平台。因此,学习维度的数字素养不仅涵盖了对数字技术与知识的系统性学习,更强调了公务人员思维方式的数字化转变,其素养的培育既涉及对新兴技术理念的理解,又包括对数字技术如何重塑政务活动逻辑的深刻洞察。因此,基层公务员应具备掌握数字技术的基础知识与应用潜力,预见并评估数字技术对政务实践的潜在影响等专业能力;同时,还需在心智层面完成从传统到数字化的思维范式转换,形成适应数字化时代要求的政务观念与操作模式。此外,学习维度的素养还体现在基层公务员能够妥善处理学习与工作之间的关系,培养综合性学习习惯,保持持续学习的热情与意愿,确保个人能力与组织发展的同步提升。

5. 安全维度

安全维度的数字素养聚焦于基层公务员在运用数字基础设施和公共数据资源时的安全合规性及其危险意识的灵敏度。政府的职能运转与服务供给日益依赖于各类数字平台,这些平台虽提升了行政效率与透明度,但同时也伴随着数据安全、系统稳定以及意识形态层面的潜在风险。为有效应对这些风险,基层公务员必须具备深厚的安全素养,这不仅体现在对网络法规、数据隐私保护政策及操作标准的深刻理解与遵循上,更在于他们能否在数字化治理实践中主动构建安全防护网,预防数据泄露与隐私侵犯,从而维护国家安全与社会秩序的稳定。具体而言,基层公务员不仅需精通数字化系统的操作逻辑与流程,还应具备前瞻性的安全风险评估能力,能够敏锐识别并有效应对潜在的数据安全与意识形态安全威胁。安全维度的数字素养既包括操作规程的严格执行,也要求公务人员在面对复杂网络环境时,保持高度的警觉性与自我约束。安全维度的数字素养是公务人员在数字化时代履行职责、服务公众时必须坚守的原则与底线,它要求公务人员时刻铭记安全与合规的重要性,以实际行动捍卫国家数据安全、系统稳定与意识形态的纯洁性。

6. 问题维度

问题维度的数字素养强调基层公务员以数字化思维洞察工作与学习中的挑战,通过数字化手段将复杂问题解构并创造性地予以解决。具体而言,它包括公务员的问题意识、将业务问题数字升维以及运用数字技术迅速解决问题的能力。在具体工作中,公务员面临两大类数字问题:一是源自业务领域的特定挑战,要求他们将业务逻辑精准映射至数字空间;二是伴随数字化政务系统应用而生的技术性问题,这类问题考验着公务员对技术工具的驾驭能力。对于基层公务员,如何实现治理问题的数字化表达是更为困难,这要求公务员不仅深谙治理结构的运作机制,还需精通数字技术的内在逻辑,并实现两者之间的无缝对接。问题维度的素养,实质上是对基层公务员提出的一种更高层次的期望,即能够在政府数字化转型过程中,以数字思维为引领,重塑问题解决路径。在此背景下,基层公务员队伍需要主动更新知识体系与思维框架,不仅要熟练运用数字技术解决治理难题,更要具备自主学习能力,勇于突破传统思维框架,探索创新性的工作模式,以应对日益复杂的治理挑战。

综上所述,在数字政府建设的大背景下,基层公务员所具备的数字素养体现为主动学习的意识和理解并能安全、规范地使用数字技术进行信息整合、分析、共享与评估的综合能力。这一素养的形成,不仅有助于公务人员创造性地运用数字化手段解决业务场景的具体需求与痛点,更是推动政府治理现代化进程的关键力量。

(二)基层公务员数字素养意蕴价值

1. 理论意蕴价值

基层公务员个体与组织是数字政府建设中的微观透镜。聚焦于基层公务员的数字素养,为基层行政与个体行为的微观考察提供了独特视角,在宏观与中观的研究视角外,丰富了数字政府建设的研究维度。当前,如何提升基层公务员的自主学习意愿、把握他们的能力发展轨迹以及分析其数字工作绩效产出的原因分析成为亟待解答的关键问题。这些问题的解答,首要前提是明确界定基层公务员的数字素养,特别是与技术应用、时代特征以及基层工作特点密切相关的素质要素。明确数字素养的概念内涵,不仅是对其能力结构的一次精细化梳理,更为后续深入研究不同素质维度间的差异提供了理论支撑,同时也为开发定量评估工具、构建数字素养量表奠定了基石。进一步而言,明确基层公务员数字素养的内涵,有助于促使研究者关注个体数字素养如何作用于政务行为、组织结构乃至组织文化的变革,从而揭示数字化转型过程中微观层面的互动机制与影响路径。

2. 实践意蕴价值

明确界定基层公务员数字素养是提升政府数字化效能与加速数字政府建设的基石,是探索基层素养提升策略、进而强化数字政府工作效能的先决条件。随着《中华人民共和国基层公务员法》的贯彻实施,基层公务员在政府通过数字化转型促进数字经济发展和数字社会建设过程中的关键作用日益凸显。尤其基层公务员作为政府层级的神经末梢,他们在公共服务、资源共建共享等政府治理领域的数字素养高低,直接影响了政府在社会治理中的响应速度、决策精准度及执行效率的成效,基层公务队伍数字素养的培育将有效促进政府治理模式的现代化转型,增强政府的公信力和社会满意度。

三、基层公务员数字素养形成的环境和条件

基层公务员,作为政府管理体系中的基石,扮演着尤为独特的角色,他们位于科层结构的最前沿,直接承担着将上级政策转化为具体行动的重任。他们的工作范畴广泛,性质多变,往往伴随着高强度的工作节奏与沉重的心理压力,要求其在复杂多变的情境中展现出卓越的灵活应变能力。而鉴于工作环境的特殊性与不确定性,基层公务员还需具备深厚的心理调适能力,尤其是情绪管理的艺术,以确保在高压环境下仍能保持冷静判断与高效执行。数字时代下新的治理挑战对基层公务员的能力结构提出了新的要求,数字素养的培

育与提升成为基层公务员队伍建设的重要议题。

(一)基层公务员数字化工作的社会环境

截至 2021 底,我国互联网用户数量已达 10.32 亿,用户周上网时长至少 28.5 小时。数字技术的突飞猛进,已然改变了居民传统生活方式,但也带来了新的治理需求,对数字时代政府治理能力和政府工作人员素养提出新的要求。此背景下,若政府履职能力未能与社会数字化进程同步,不仅会产生公信力问题,还可能导致公共服务体系与社会整体运行机制的脱节,影响公共服务的有效性。社会生活的数字化公众对数字化生活的高期望,构成了推动数字化政府建设的重要外部驱动力,促使政府主动响应,加速自身数字化进程。对于基层公务员而言,数字技术发展既带来生活的便利,但也带来传统基层治理模式与数字治理需求之间的深刻矛盾,这种双重体验加剧了他们对提升治理效率的迫切需求,渴望将数字化技术应用于基层治理实践,实现治理效能的飞跃。

企业界的数字化转型浪潮也对政府提出了更高要求。随着 2020 年以来供应链与线下商业环境的波动,企业纷纷加快数字化转型步伐,探索"互联网+"新路径,催生出多样化的商业模式与运营管理机制。政府作为监管主体,需紧跟时代步伐,确保监管能力与对象变化同步,避免监管盲区。数字经济尤其是平台经济的迅速发展,其全新的商业思维和盈利模式要求基层公务员加强专业知识的学习与互联网思维的构建,以维护市场公平竞争秩序,有效应对企业利用新兴技术规避政府监管的风险。此外,企业的技术先发优势与应用经验对数字政府建设至关重要,基层公务员数字素养的提升,不仅是个人能力的增强,更是政府与企业间顺畅沟通与合作的基础,对于确保数字化转型任务的顺利实施与完成具有不可替代的作用。

(二)基层公务员数字化工作的政策环境

十九届中共中央政治局第三十四次集体学习聚焦于数字经济,会议指出全民全社会数字素养和技能的提升是数字经济蓬勃发展的基础。2021年10月,中央网络安全和信息化委员会印发的《提升全民数字素养与技能行动纲要》进一步指出政府工作人员数字素养是强化数字治理能力的关键要素。基层公务员的角色特性及其在科层体系中的末梢定位,往往需要面对复杂的治理环境,也需要具备更加灵活丰富的数字素养能力。结合相关政策与具体实践,本节总结数字时代基层公务人员应具备且需不断更新三种能力:一是互联网思维的构建与更新。基层公务员需要在了解大数据、云计算、人工智能等新兴技术演化过程与背后原理的基础上,形成对数据价值重要性、问题审视的全局性以及问题解决的数字化意识等多方面的认知,形成系统的互联网思维框架。二是数字技术应用能力。这一能力主要强调基层公务人员是否能够利用数字技术实现治理方式的数字化转型和政府治理效能的有效提升,比如利用数字技术促进政府与企业之间的无缝互动,实现公共服务的智能化、个性化与高效化以及通过数据分析辅助科学决策等。三是数字化发展能力。公务员需具备前瞻性的数字化视野,推动数字经济和数字社会的融合发展,实现治理体系的数字化转型。

在政策执行过程中,我国政府的科层制结构往往会出现采取相应方式对抗政策力度在传递中递减的现象。数字政府建设作为推进政府职能转变,实现治理体系和治理能力现代化的重要抓手,必然得到国家层面的长期关注。因此,政府数字化转型将会在各级政府间持续相当长的时间,基层公务人员将要或是已经感受到明显的科层压力。目前,部分数字技术已经在实际操作中给基层带来了额外负担,如电子文档的冗余、数据的重复采集、应用的重复构建以及低效或未充分利用的数字平台等,这些问题在基层层面尤为凸显。因此,面对持续增加的数字化政策要求,基层公务员亟须加快自身数字素养的全面提升,以更加积极主动的姿态应对数字化转型带来的机遇与挑战,确保数字化政策在基层的有效落地与正向效应的最大化。

(三)基层公务员数字化工作的实践环境

在推进数字政府构建的宏伟蓝图中,核心愿景是构筑一个集成化的平台架构,该架构能够横向贯穿各政府部门间的业务壁垒,同时纵向联通各级政府层级,实现信息的无缝流通与高效协同。然而,当前数字政府建设中,虽然部分系统间已初步实现数据共享,但多数部门单位仍沿用自成体系的操作平台。这一现象不仅催生了繁多的信息系统,也对基层公务员提出了掌握多元系统操作技能的迫切要求。他们需迅速适应并掌握各类系统的功能特性,精确录入各类数据,并有效利用系统实现行为留痕,如执法人员随时记录并上传执法实况。

数字政府建设远非简单的数字化迁移或技术替代,而是深刻依托于服务对象需求与监管特性的精准把握,通过将人工智能技术、大数据分析等现代信息技术与传统的业务场景深度融合,重塑服务与管理流程,显著提升服务效能与监管精度。这一过程不仅优化了审批流程,缩短了服务响应时间,还通过技术创新解决了诸如网约车监管等新型社会治理难题,展现了数字技术在提升政府治理现代化水平中的关键作用。数字时代的治理复杂性对基层公务员的能力结构提出了更高要求,他们不仅要精通传统业务能力,还需具备敏锐地识别现实治理难题将其转化为可量化的数据指标实现有效求解的能力。

实践中,基层公务员在日常工作中需频繁操作各类数字化工具与系统,收集、整理并上报基层数据,同时反馈系统应用中遇到的问题,推动系统优化与流程再造。他们作为数字政府建设的一线实践者,其使用体验与建议对于指导系统改进与采购决策至关重要,基层公务人员需要具备并提高自身的数字素养,及时反馈应用信息,实现政府数字系统的改进与平台的优化。此外,通过数字化平台,基层公务员还能促进跨部门协作,增强信息互通,并向公众展示数字化政务的成效,共同推动政府治理能力的提升。

四、基层公务员数字素养的提升路径

(一)建立学习机制,丰富培训手段

将数字素养的培育与提升设定为晋升培训的关键环节,并赋予其战略高

度,是实现公务员数字素养跃升的重要举措。领导层应以身作则,通过实施"一把手工程",引领各级政府机构及部门深刻认识并高度重视数字素养的价值。组织部门与人事部门应将数字素养培训常态化,纳入日常培训议程,确保每位公务员都能获得必要的数字技能提升机会。为进一步深化这一进程,省(自治区)、市等各级党校应将数字素养系列课程列为关键教学内容,使之成为领导干部晋升路径晋升及基层干部入职机关的必要培训模块。此举旨在构建一个系统性的学习框架,促进数字思维与治理能力的深度融合。同时建立以日常联席会议制度为代表的业务部门与信息管理部门的定期沟通机制,促进双方信息共享,业务部门明确数据需求与技术挑战,而信息管理部门则能精准把握业务动态,从而共同提升数据驱动决策与技术创新的能力。

针对基层公务员工作细碎、时间碎片化的工作特殊性,需设计灵活多样的培训策略。通过移动学习平台(如在"学习强国"增设数字素养专区)与便携式学习材料(如电子手册、微课视频),实现随时随地的知识传递,提升基层公务员数字素养。此外,强化实践性教学,通过设立数字治理示范点作为实训基地,让基层公务员亲身体验数字技术的应用效果,并通过录制教学视频,分阶段解析技术解决方案的演进过程,以增强学习效果。

为进一步促进数字技术与基层治理的深度融合,建议实施跨部门借调制度。一方面,选派基层公务员至信息化部门学习,直接参与数字化项目,快速提升其数字技能;另一方面,信息化部门人员下沉至基层,将技术知识与基层治理经验相结合,共同探索数字技术在解决实际问题中的创新应用,形成双向赋能、共同进步的良性循环。

(二)打造专业讲师队伍,培训内容分级分类

构建一支既专业又贴近基层实践需求的讲师团队对提升基层公务员数字素养至关重要。讲师团队成员应融合三重核心素质:一是高度的专业性,讲师不仅拥有深厚的技术底蕴,还需在数字治理领域累积丰富经验,此类人才可优选自高等教育机构及科研机构的资深学者。二是丰富的基层治理经验,讲师

应当具备丰富的基层数字治理前沿工作经验,他们能够从实践中提炼真知,此类讲师应当选自具备数字治理经验的公务人员。三是理论与实践深度融合的能力,即在数据模型开发、数据平台设计以及数据融合应用等方面拥有实战经验的专家,他们可源自政府内部已成功实施并高效运行的数字化项目团队,如"互联网+政务服务"模式下的行政审批部门及"互联网+监管"体系的相关部门。

数字素养的培育是数字时代下基层公务员队伍培训体系的核心。第一,技术层面的培训内容在介绍技术的前沿趋势与应用场景时,要紧贴基层工作需要,着重实现基层干部数字技能水平的提升,同时还要融入互联网思维模式的培养,以促进技术应用的创新与实践。第二,数据维度聚焦于提升数据收集、处理与分析的方法培训,并拓展至数据应用案例分享、数据管理体系构建及数据决策思维的培育,以适应基层工作中对数据依赖日益增强的趋势。第三,交流维度,培训应侧重于智能媒介环境下政府服务与政务流程的数字化展示策略,包括如何利用新兴媒介提升政府透明度与公众参与度,以及在不同数字治理场景下如何有效传达政府治理价值。第四,培训过程中要注意传授学员科学的学习方法以及培养学员的自主学习能力,通过持续性培训,帮助基层公务人员学到数字知识的同时,培养他们持续学习、自主学习的良好习惯。第五,安全层面的相关培训则需以建立坚实的网络安全意识为基础,结合具体安全案例与操作规范,强化基层公务员在数字环境中的安全风险防范能力。第六,问题意识的培养,数字素养的相关培训应指导学员掌握数据模型构建、信息渠道整合等技能,帮助学员将具体的治理问题转化为可用数据表达的数据问题,实现基层治理的数字化转型。

(三)改进激励机制,营造组织氛围

首先,为深化基层公务员队伍的数字素养建设,应将其明确纳入年度绩效考核的框架之中,作为评估体系的关键指标之一。此举措旨在将通过数字化治理创新、个人数字素养提升与激励干部勇于担当、积极作为的传统价值观相融合。同时，秉持容错纠错的原则，鼓励干部在探索数字政府建设路径中勇于尝试，即使面临错误也视为成长的一部分，并配套以正向激励机制，如将数字素养的提升成效深度融入公务员考核体系，无论是常规的周期性考核、灵活的不定期审查，还是针对特定项目的专项评估，都可以尝试将数字服务效果、数字成果转化等指标纳入评价体系，同时将培训经历与学习成果纳入人事管理的重要考量范畴，如干部选拔、晋升及岗位调整等。

其次，为激发基层公务员在数字素养提升方面的积极性与创造力，应设立专项评比与表彰奖励机制，树立数字化建设标杆，表彰在数字政务领域表现突出的个人与团队。通过分级分类的评比活动，如数字政务创新大赛，鼓励公务员运用数字技术解决实际问题，并以此为契机，向全系统及社会公众展示成功案例，既提供实践指导，又强化数字治理的意识形态影响力。此外，还应开展数字服务满意度评价，选拔出在数字服务意识、应用能力以及创新实践方面表现突出的单位和个人，以此营造浓厚的数字化学习氛围，并及时响应数字化政务服务评估中的反馈意见，通过多元化评估渠道（如政务 App、社交媒体平台、政务服务中心等）持续优化服务质量。

最后，为构建有利于数字素养提升的组织文化，需从根本上转变固守传统模式的思维惯性，各级政府及组织部门应主动作为，树立并推广数字素养高、技术能力强、思维创新的新时代干部典型，鼓励其跨越传统业务领域，将数字化理念与技能带入更广泛的工作场景中。领导干部应发挥表率作用，通过政策引导与实践示范，加速数字化转型进程。同时，深化政府与高校、科研院所及企业的交流合作，构建多元主体、综合全面的基层公务员数字素养培训体系，紧跟技术前沿，持续推进技术创新与组织变革，为公务员队伍的数字素养提升提供持续动力与智力支持。

（四）激发自主学习动力，提升数字治理思维

基层公务员学习促进机制的形成，需综合考虑外部环境的优化与内在动力的激发。政府建立的学习激励机制、营造的积极学习环境及提供的多元化

培训条件,仅构成了学习的外生驱动力。要真正实现基层公务员自主、自愿的学习态势,还需深化其对学习价值的内在认同。不仅要帮助基层公务员了解评价体系的变化与未来评价趋势,更重要的是帮助他们认识到数字技术在治理中的重要意义和应用必然趋势。针对基层公务员在数字素养形成中的实际挑战,如时间管理、内容选择、学习伙伴及习惯养成等方面,可采取以下四个策略。第一,灵活安排学习时间,强化自主学习小组建设。鉴于基层公务员工作繁重,集中培训机会有限,应鼓励其利用业余时间进行碎片化学习。通过建立基于学习基础的自主学习小组,成员间可相互激励、交流心得,提升学习效率与深度。同时,利用网络平台提供的课程与短视频资源,灵活填补空闲时段,观摩实践案例,借鉴先进经验。第二,实施案例导向教学法,深度融合治理场景与数字技术。鉴于基层公务员在数字技术方面的知识短板,宜采用案例式教学,将复杂的数字技术原理与具体治理情境相结合,使之易于理解与实践。此方法不仅有助于快速掌握技能,还能加深对治理问题与技术融合路径的认识。第三,精准定位学习对象与内容,强调实践导向。在选择学习伙伴时,应优先考虑具备丰富治理经验或数字技术应用能力的公务员,以及熟悉一线情况的专家,以确保学习内容的实用性和针对性。学习内容应聚焦于实际操作技能,减少纯理论讲授,增强学习的实效性和应用性。第四,培养长期学习习惯,优化考核评价机制。数字技术的快速发展要求基层公务员具备持续学习的能力。因此,应引导其树立终身学习的理念,通过设定阶段性学习目标、宽松而不失严谨的考核流程以及循序渐进的学习任务,促进其形成自主学习的良好习惯。避免单纯以知识传授和应试考核为目标的短期学习行为,确保学习效果的长远性和可持续性。

(五)优化基层公务员招考机制,打造文理交融的复合人才

除了讲师能力、学习环境组织激励等因素,个人知识结构也是影响基层公务员队伍数字素养培育的关键因素。数字技术的更新离不开计算机科学与技术、计算机网络、软件工程等学科理论的发展。具备相关专业背景的学员在培

训中往往表现优异。同时,具备理工科背景的学员,虽然缺乏相关专业知识,但也具备较强的逻辑能力,在学习中相比于人文社会科学背景的学习人员能更快掌握数字技术的使用并形成灵活的数字思维能力。而在公务员队伍中,人文社科背景的工作人员占比较高。因此,通过优化招录策略以引入更多理工科尤其是信息技术专业人才显得尤为必要。

毫无疑问,当前公务员招录体系已有效确保了政府信息化部门和岗位的专业性需求,但在基层中的综合管理岗位招聘中,也可在保证公平性的基础上进行招聘策略调整,增加理工科特别是计算机专业的招录岗位,以拓宽基层公务员队伍的知识结构。具体而言,可适度放宽基层岗位的专业限制,避免过度倾向于文学类等专业,而是鼓励多学科背景的融合。对于综合性岗位,在选拔流程中增加数字化知识与应用能力的考察环节,如通过面试或复试阶段设置更多与数字技术相关的问题,以全面评估考生的数字素养及学习潜力。同时,探索实施定向招聘策略,精准引入具备信息化专长的人才,以点带面,促进基层公务员整体数字素养的提升,但需谨慎控制此类定向招聘的规模,以维持队伍结构的合理性与多样性。

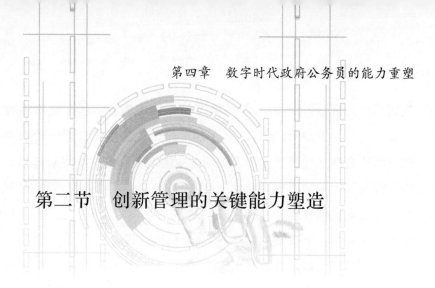

第二节 创新管理的关键能力塑造

一、高等教育机构中科研创新管理的现状

随着我国政府对科研资金的持续投入和科研体制的逐步改革,我们国家的科技创造力显著增强,从而带来了丰富的科研成果。2010—2015 年,我国在基础研究投入——研究与试验发展经费(R&D)方面,呈现出平均 20% 的强劲增长势头。2013 年,这一支出数字达到了 11906 亿元人民币,较前一年增长了 15.6%。此外,我国在 SCI(Science Citation Index,科学引文索引)中收录的科技文章数量以及授权的发明专利数量均位于世界领先地位。然而,成绩虽然值得欣喜,但是存在的问题依旧不容忽视。举例来说,虽然科研成果众多,但具有高水准和创新性的成果却为数不多。同时,这些研究转化为能够助推经济社会发展的现实成果概率也比较低。随着资金投入的不断增大,资金的滥用和腐败问题也是层出不穷。在学术规范与国际标准接轨的过程中,屡屡退稿的学术不端行为多次出现。根本原因为,我国在科技领域的管理架构深处潜藏着根本性及结构性的障碍,这要求我们推进更为深入的科技管理体制改革。

高校作为国家创新体系的关键构成部分,中华人民共和国成立以来执行了"985""211""双一流"等重要国家战略,陆续产生了众多的科学研究成果,其科研实力得到了显著增强。研究表明,高等教育机构的科研成果在全体科技成果中占有重要地位。同时,高等教育机构的学术研究也面临着类似的困境和独有的挑战,并且他们正努力寻求通过改善科研管理中的根本性和结构性缺陷从而建立与科研生产力更加适应的制度标准。学界对高校的科研管理模式投入了大量的研究注意力,不少的学术论文从多元视角和不同领域,研讨了高等教育机构科研管理所面临的挑战及其应对策略。然而,这些研究在整体上仍然缺少一个系统的整理、整合和精炼过程。

科研管理体制的核心在于综合调和,实现协调互动的网络化效应。当前的学术探索倾向于将整体拆分成独立的部分进行研究,这种方法对于深化理解局部问题具有积极意义。然而,这种做法往往忽视了整体协调的重要性,从而可能导致系统整体效率的降低。为深入探究大学科研管理问题产生的根本成因,本部分内容旨在梳理现有学术成就,并从科研管理架构的三个维度——要素、职能和动力机制——进行分析,目的是揭示潜在的解决方案和适宜的应对策略。

（一）高等学府科研管理框架的组成单元

1.高等学府科研管理架构概览

高等学府的研究活动不断拓展,研究人员、研究资金、研究组织机构、研究设备、实验室以及虚拟团队、学科、平台等,共同组成了一个虚实兼备的具有宏大结构的资源网络。科研行为从启动研究到成果转化,逐步累积了智力贡献和经济价值,构建起一个不断向前滚动的连续生产程序。为确保这一复杂的科学研究工作能够顺畅进行,高等学府构建了一套与之对应的精密管理人力、物力及财力的庞大精密科研制度机器。

学者余国杨等人提出,高等院校的科研管理体系架构应当从局限于特定领域、分散的职能管理模式,拓展为一种全面和系统的管理模式。他们强调,通过整合和协同,可以形成一个互相关联、相互依赖且能相互促进的管理体系。科研管理架构不仅仅是对独立线条式任务的汇总与融合,它更多的是建立在科研精神和价值观的引领下,借助于管理思想和政策的工具性应用,通过对科研管理要素的有序组织和周到规划,实现对各类科研活动单元(包括科研工作者、实验室、科研小组等)的紧密联结,从而推动科研机构的持续运作并不断生产出科学知识和科研成果。

综上,组成科研管理系统的关键要素,应当涵盖负责科研管理的相关机构、科研管理制度框架和科研管理流程模式,以及嵌入其中的科研管理工作者。高等学府的科学研究治理组织主要涵盖了两级结构:校级科研管理指导和学院级科学研究管理部分。校级科研管理机构,通常称作科研处或科技处,其级别多为正处级。在国内,部分顶尖研究型大学将科技处级别提升至副校级。这些机构由负责科研的副校长担任或者兼任,其名称也有所诸多变化,如"科学技术发展研究院""科学研究部"或"科学与工业技术研究院"等。学术机构、研究场所、校属科研单位同样配备有科研治理部门。以下内容将探讨科研管理机构的架构细节及其系统各部分间的协作组织策略。

2. 高等学府科研管理体系组织框架

高等学府科研管理框架的结构设计,涉及对科研管理体系之中各个组成部分的职责分工,包括部门的构建和设置,以及部门间相互配合开展工作的流程和固定的组织布局安排。组织的构造对整个系统的运作效率具有决定性的作用。在实际操作中,绝大多数高等学府实行了以"学校—学院两层"为基础的科研管理模式。校级科研管理机构,亦称作科技部门,担当着整合规划全校科研工作并安排执行的职责。依据其职能划分为若干分支办公室,诸如科研项目管理办公室、科研平台与基地管理办公室、知识产权与科技成果管理办公室、产业研究与合作监管办公室等;在学院层面,科研管理机构承担着信息的上传与下达,辅助校级科研管理机构执行各项管理活动的功能。通常由学院的科研副院长与相应科研管理团队负责日常运作;而对于综合性大学,大多设有负责社会科学事务的管理办公室(参见图4.1)。"校院两级"管理结构的优长首先体现在权力分散上,相对于只有一个校级科研管理机构的情况,权力不会过度集中;其次体现在管理层级扁平,管理层级较少,校级管理机构指派的任务能够迅速传递到位,全校的科研任务指标能够分配至各二级学院进行规划和评估;此外,这种管理模式与我国高等院校科层制管理体制基本吻合,具有相当的便利性。

然而,有些专家[21]认为上述结构对于不同学科之间开展交叉合作有所阻碍。王键等人[22]提出,对于这一问题,应当探索类似矩阵的科学组织研究管理模式。然而,鉴于中国高等学府的管理体系,这一模式在现实中难以落实。王蕾等人[23]主张,通过提升二级学院在科研管理方面的自主性,协调责任、权益的平衡,为跨学科合作创造出管理条件。李涛[24]的观点更加明确了其缺点,即大学的研究管理体制实质上是基于"科层式"结构,它以集中控制、严格组织和稳定运作著称,具备强大的执行能力。然而,这种结构导致内部各部门以及与外部系统的界限过于分明,从而权利和责任变得极为明确。边界明晰的设置不利于那些复杂、多变,需要创新且不可预见的科研工作。为了解决这个问题,李涛创造性地构建了一个结合行政服务中心和科研团队的全新科研管理架构。通过科研信息管理平台促进不同部门之间以及各个部门内部的通信效率,行政管理枢纽承担常规管理任务,而科研进步小组则专注于发掘、培养并成功执行可以给学校内部带来科研增长点的具体事务,并且积极获取外部科研投资。

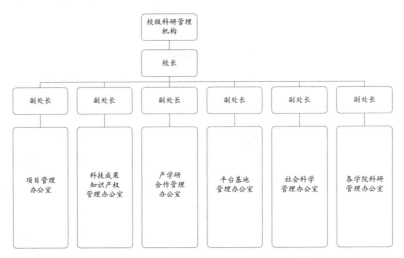

图4.1 研究型高校科研管理体系架构示意图

3.高等学府科研管理人才队伍建设

高等院校科研管理体系框架的关键构成因素当属人员。高素质的科研管理团队是提升管理效率的关键,他们不仅是管理模式的构建者、策划者,也是各项任务的积极落实者。关于高等学府科研管理的专业人才,现有的学术探究主要聚焦于两个主要群体:一是负责校级科研行政工作的领导层,即科研处处长;二是具体办事的科研管理人员。

在高等学府中,负责科学研究管理工作的管理人员,例如科研处处长、副处长,通常是由具备相关专业知识的科研工作者担任。即便全身心投入科研管理工作,仍会拨出部分时间从事教学及科研事务,即所谓的肩负双重职责的科研部门负责人。在众多学术论文中,常常引发热议的一个话题是:科研管理部门的负责人,究竟是应当挑选具有学术成就的科学家,还是应当选择那些具备丰富管理技能的行政人员。丁福虎[28]的看法是,选拔担任科研管理职责的领导人存在"两难"困境。科研管理职责与顶尖科学家的角色合并,形成"双肩挑"体制,可能导致科学家分心,难以同时有效地处理科研任务和管理任务,此举亦不利于区分学术与行政的权力范畴。在实际管理效果层面考量,对于学术机构中的科研管理部门负责人,理想的选择应当是具备"科研管理"专业学术背景的实际管理者。这类领导者不应仅仅作为学术的模范和榜样,更重要的是要能高效规划与组织科研活动,并能发掘推动科研发展的内在潜力。研究表明,身为科学家的科研部门负责人,在负责科研合作、项目评审和参加会议等对外活动中扮演着关键角色。选择具有科学家背景的教授担任此职,不仅能够展现学校的学术风貌,还能增强学校的学术影响力。然而,数据量化分析的研究并未能明确得出关于"双肩挑"模式优劣的确定性结论,表明必须针对每个特定案例进行深入探讨。

关于科研管理体系中基层工作人员的研究,更加专注于讨论如何凸显专业化以及深挖工作主动性两个关键维度。增强科研管理人员的职业能力和工作效能,依赖于他们内在素养的提高与外部管理尤其是评估考核方法的优化。马卫华等人[30]在探讨提升科研管理团队专业化的议题时提出,应借助持续的教育培训深化对科研管理理论的掌握与探究,并推行岗位轮换以增强实际工作经验。提高管理效率的根本途径在于激发员工的内在工作热忱,通过选拔具有专业背景的研究人员担任领导职务,可能会让普通的科研管理人员感到晋升途径不清晰,从而影响他们的积极性。公共服务领域的从业人员普遍存在工作热情不足的问题,这一现象并非仅限于科研管理体制内部。试图通过岗位补贴和评估机制来激发工作动力,其实效并不显著。为根本性解决这一难题,必须打破晋升的瓶颈。不能仅仅在内部选拔专业科研人员作为科研管理部门领导,而是应采取内外部选拔相结合的策略,以此激发普通管理人员的职业发展动力。

(二)高等学府科研管理架构的职能

高等学府的科研管理职责或主要业务目标可归纳为:承担科研项目(重点是国家部委和地方政府)、进行科技协作(重点是企业和事业单位)、申报科技奖励、推动科技成果商业化转化、管理知识产权、指导和监督科研机构与团队以及学科建设等多种类任务。大量高等院校制定了独到的管理策略,比如某些院校把学科建设管理的职能独立出来,成立专门的学科建设管理部门,或者将其纳入研究生教育体系的管理体系。承担科研项日构成学术探索的根木,是学术界研究关注的重心,对此需进行专门讨论。科技协作、创新成果、科研奖励、知识产权等方面,总体上旨在服务企业和事业单位,促进科研创新转化为商业应用,以实现经济和社会的收益,这部分可以视作一个分类。另外,研究机构、学科构建、实验基地和实验室等构成了科研平台管理。从研究的角度来看,它们具有相似性,因此可以归入同一类别。接下来,笔者将从此三个不同的角度进行阐述。

1.科研项目管理

大学的科学研究管理活动,大都是围绕着研究项目的周期性运转,而分阶段展开指导、监督等工作。有研究论文主张探究科研项目管理,应从项目发展的周期性视角着手,将其细分为启动阶段、组织筹备阶段、执行阶段以及收尾阶段四个主要部分。在研究项目获得批准前,高等学校科研管理部门会对提出申请的教职工进行针对性的提升训练,依据学校教职工的特长,制作出精致的项目申请书。特别是自 2001 年以后,随着国家科研计划由原来的计划性体制转变为竞争性课题导向体制,各大院校纷纷提高了对重要研究项目在启动前进行信息监测和跟踪服务的力度。所以,科研项目管理的首要任务是对科研选题规划的管理,这一阶段通常被称作项目的可行性评估。在实际操作方面,科研项目的竞逐过程中,对项目可行性的评估是一个关键环节。众多科研管理机构建设了专门的科研计划管理科,其核心职责聚焦于科研项目的申报工作,不遗余力地为研究人员提供获得项目立项所需的便利信息。通过早期的培养、专家建议等诸多渠道,目的是提升项目申请书的品质内涵,争取获取科研项目的审批通过。

科研管理广泛吸取了以五个发展阶段为基础模式的项目管理经验。一般项目管理模式大致可分为九大管理领域:项目边界的定义、工期的规划、经费的控制、成果的品质保障、劳动力的配置、信息的交流、物资的购置、潜在风险的评估以及整体协调。既往学术研究已经具体化和数字化了上述九个核心领域,将其作为评估研究项目成熟度的重要标准。研究者们期望这些标准能够对研究项目的进展实施高效的监测和管理。然而,先前的学术探究未充分关注到一个关键差异:科学探索项目与商业项目的主要不同之处在于,前者在很大程度上致力于开拓未知的科学领域,因此其创新程度和风险水平都相对较高。基于此,一些专家主张在对科研项目的管理过程中,需要巧妙地驾驭创新元素,这样才能达成一系列成功评判标准,诸如项目进度、成本、创造性、潜在盈利能力以及满足风险投资者的期望。多数讨论科研项目管理效率的文献旨在通过增强过程监控与成效评估来解决高校科研中存在的诸多问题,如质量参差不齐和过分注重项目启动而忽视深入研究等。然而,这些措施的实际成效尚未达到预期。

科研项目的管理涉及人力资源、基础物质资源和财务资源的协调与监督,其中,对研究资金的监督使用成为学术界关注的核心议题。一些学府出现了对研究资金运用不规范的情况,极端情况下,有的甚至涉及侵占和调拨研究资金用于其他目的的情况。学术领域内,针对诸如科研活动的劳动力成本赔偿机制,以及科研计划与实际执行间的冲突等议题,展开了广泛的探讨。这些问题并非仅靠科研管理体制就能彻底解决,而需要与国家机关等相关部门协作,共同寻求解决之道。即使是高等学府的科研资金管理,也牵涉财务部门负责的经费支出和决算控制。科研管理机构有能力增强预算管理效率,从而支持科研资金的合理运用。研究表明,科研资金的挑战主要源于在预算编制与执行阶段,负责项目管理的个人、科研管理机构以及财务管理部门之间存在信息不平衡,且负责人有时会出现对预算的高估现象。在实施管理过程中,若过于僵化,对于不明确的预算,管理者应被赋予自主决策的权限。应对策略包括公开信息、实施预算的动态监管以及适度下放决策权限。

2. 科技成果管理

高等学府在管理科技成果时主要面临的任务是,通过与企业和其他实体合作管理科研项目、知识产权交易以及建立产学研联盟等手段,推进科技成果向实用技术的转变。在此过程中,管理机构还提供诸如签订合作协议、政策解读等增值服务。此外,还包括一些奖励申报、学术论文的数据分析、档案建立等例行工作。科技成果管理的重点在于知识产权的管理与监督。早期的研究揭示了中国大学教授对知识产权的管理意识较为淡薄。然而,随着我国在知识产权领域不断深化工作,专利申请数量已跃居全球前列,知识产权管理意识不足已不再是关键问题。相较于其他方面,目前我国高等教育领域在知识产权治理方面显著存在的专业性不足,成为一个突出的问题。

首先,是缺少专门化的治理架构。在我国高等院校中,除少数几所外,大多数的知识产权事务是由科研管理部门负责,而没有设立专门负责知识产权管理的机构。在其他国家高等学府中,美国设立了特色机构,例如斯坦福大学的技术授权部门(OTL);而日本通过技术转让部门,承担大学教职工的研究成果申报、申请专利及专利授权的任务;牛津大学则授权其下属的 ISIS 创新公司处理牛津大学的知识产权运营事务。再者,缺少专业化的管理人才。知识产权的维护要求人才具备综合素养,包括深厚的技术功底、法学理论、管理策略,以及对技术市场的洞察力。科研管理人员不具备充足的管理知识与法律背景,仅仅是专业科研人员兼任或者非管理专业出身。另外,目前我国大学尚未设立专门针对知识产权管理的学科领域和相应的人才培养机制。最后,导致缺少专业化的管理体制。地方政府和高等院校在知识产权策略上倾向于实用主义,过分关注知识产权的形成,单纯追求知识产权申请和授权的数量。这种做法曲解了知识产权的根本宗旨,即运用与执行。除了针对上述问题提出具体的改进措施之外,学者们还应从构建知识产权生态系统的视角出发,完善知识产权法规,进一步优化以提高产权质量为目标的激励政策。

3. 学科与科研团队建设

科研管理机构对于实验室、研究基地、学术机构、工程研究中心的管理并非聚焦于物质资产和设备的管理。实际上,其核心在于依托这些平台,对由科研人员组成的团队进行统筹与管理。近期,国家对科研团队投入了越来越多的关注度。国家自然科学基金委员会对有创造性的创新研究群体提供了资助,教育部门也对教育创新团队提供了支持。除了这些资助方案,科技部和其他相关部门还共同推出了一个资助创新人才的计划,并在2014年披露了资助的28个关键领域的创新团队名单。学科的内在含义虽然更为丰富、多元,涵盖了教学内容、专业课程的设置以及人才培育等方面,但如果仅从科学研究的角度来审视,它仍然与科研团队的概念密不可分。学科和科研团队之间存在着诸多类似之处,诸如拥有一流的领导人物,持久不变的研究方向,以及由老中青三代人构成的团队结构。除此之外,还包括健全的团队制度、独特的文化、合理的资源分配以及知识交流等内部管理机制。学术界普遍认同科研团队这一概念:大学中的科研团队,是处于特定环境中的,以推动科技创新为宗旨,共享统一的科研愿景,并愿意为共同科研目标担负彼此责任,由具备不同技能的科研工作者组成的集体。这个总结大致能够阐释学术团队的内涵。

最新调研结果揭示,当前科研团队管理面临的关键挑战在于,不同学科之间的融合合作不够充分,团队成员之间的利益分配机制存在漏洞,并且缺少全面的战略规划、目标导向以及组织架构的优化。在我国,长期以来实行的单一学科体系导致科研团队在学科交叉方面存在不足。资源配置和学术支持完全倾向于单一学科,使得交叉学科的研究难以突破传统学科的束缚。仅仅改革高校的学科内部科研管理模式似乎难以产生显著影响,我们应将视野拓宽,关注更广泛的科研体系改革。科研团队内部的流程管理涉及角色分配、物资安排、成果评价、奖励制度、价值观念的塑造等多方面,关键是如何公正分配利益。集体的收益与个人的盈利是相互竞争甚至矛盾的两种概念,处理这两者之间的关系并激励个人的主动性,依赖于公正、明晰的成果评定体系和评价准则。这种激励模式不仅囊括了物质奖赏和精神激励,还应当将集体愿景与个体发展有力地整合。然而,在目标和愿景管理上,高校的研究团队显然存在不足。在构建团队的过程中,重要的是融合高等学校与小型科研团队的发展目标,接着挑选合适的人员并分配所需资源,最后依据个人能力和现实情况,合理规划组织的架构。团队划分可基于职能,诸如"理论探究""实践探究"及"创新开发"等不同类别,构建垂直层次体系或以行政管理为纽带的跨部门协作网络。本书认为科研小组能够背靠核心学科进行共建,也可以优选一些课题组在关键学科建设过程中培育成为科研创新小组。

(三)高校科研管理体系的驱动机制

总结言之,高等学府的科研管理架构是一个元素众多、结构与职能均显复杂的网络。推动高校科研管理架构运行的引擎源自理念与政策这两大支柱。理念,也就是管理的基本原则和观念,可视为掌控科研管理体系全局的核心思维,现有资料主要涵盖质量管理和消减行政化两种思维;另一方面是政策层面,涉及将管理理念具体化的工具和方法等实际操作,这相当于科研管理体系的传动装置,负责连接各个职能机构,主要包括科技评价手段和业绩评估方法。理念与政策在本质上塑造了科研管理架构的构成、布局及其职能。

1. 理念驱动

质量管理的理念(亦称作全面质量管理理念)源自阿曼德·费根堡姆

（Armand Vallin Feigenbaum），一位前美国通用电气公司的质量管理总监。此理念起初是为了在生产过程中监督与提升产品品质而提出。随后，该理论经历演进，催生了国际上关于质量管理的规范（即 ISO9000 系列标准），并广泛渗透信息技术、制造等多个领域，乃至海外部分高等教育行业。质量管理理论指出，质量是研究对象的一系列内在特点达到需求的标准。质量管理应当围绕重视顾客需求、领导影响力、全员投入、流程手段、系统化管理、不断改革进步、基于实际数据的决策方式、双方受益的供应商联络方法这八大基本原则进行。虽然中国的高等学府在采用该理念方面起步晚于他国，但根据 2012 年之前的不完全数据，已有约 60 所此类机构实施了质量管理架构，其中涵盖了 34 所直接隶属教育部的学校。因此，学术界已经进行了众多探讨，主题涉及高等学校的科学研究质量控制理论与实际操作。高等学府的研究质量，是指其学术探索的过程、架构以及成果的品质，达到顾客及其他利益相关者需求标准的情况。这一理论框架涉及四个主要环节：首先是利益相关者提出需求，其次是研究成果的实现，然后是成果的评价与优化，最后是将研究成果交付给顾客。其实践程序可分类为科研成果框架的策划、制度文件的编撰、初步运行、内部审查以及评估四个阶段。科研活动的记录至关重要，须依照 ISO 规范，将研究流程转化为书面资料，以便质量管控部门参考使用。高度的组织性和可支配性构成了质量管理的核心特征，同时，这也是它引发分歧的根源。科学研究领域里的工作既具备创新特质又无法复制，而在科研工作的管理过程中，面对众多不确定的信息，机械和标准化的管理方法并不适用。尽管理论上众多文献强调科研质量管理体系是一个不断进化的系统，然而实证研究指出，高校在实施该体系的过程中遭遇了许多不容易克服的操作性难题。

高等学校"去行政化"治理模式已成为中国高等教育管理领域的焦点议题。特别是在科学研究管理领域，负责管理的人员通常具备专业背景，因此学术与行政职能的交织可能导致行政机构对学术活动的不当介入。张晓军等人[54]提出，在大学里，追求实际利益的科研态度变得非常普遍。为了获得研究项目的立项，研究人员不得不频繁地拜访政府部门并建立重要的人际网络，这最终导致资金出现问题,并影响原创性研究成果的产出。多种难题皆源自管理机构控制着庞大的科研资金,并且它们在分配这些资源时依赖于行政命令,而非学术共同体的自主性评价。具体的变革策略涉及提升高校在教育资源分配环节中的自决权和决断力,特别是在上级管理机构向高等教育机构拨款过程以及高等学府内部资金的二次分配机制中。某些专家认为,在像高等教育和科学研究这样的公共服务管理范围内,应当削弱统治的成分,增强治理的成分,让科学研究人员在学术评价、政策咨询、社会监管等高等院校学术事务中发挥更大的自主作用。学术界的成员若欲融入和治理公共事务,须经合适的法理路径,他们需持续增强自治与自决能力,排除政治、经济等外界因素的侵扰,塑造彰显学术内在价值的精神风貌与自律精神。为了提升学术质量与诚信,一系列举措需要被采纳,如创立国家级的智囊机构以提供专业咨询,培育公正的科研评价体系,并对学术违规采取惩戒措施。

2. 政策驱动

科研评估活动是整个科研管理流程中的关键环节。科研工作的各个阶段,如项目的启动、完成以及表彰,均需进行严格的评估。对于科研团队、专业学科及研发机构的构建与发展,评价环节同样不可或缺。科研个体的职位晋升也依赖于这一评价体系。科研评价在高等学府中不仅是分配科研资源的关键手段,也是激发科研人员潜力的有效工具,进而成为实践科研管理观念的核心实施途径。在中国,众多高等教育机构实施了一套可以量化科研成果的考核标准来管理科研工作。这制度通常涉及对研究者承担的项目、发表的学术论文以及所获奖励等按其级别、重要性、数量和完成度等因素进行评分,而这个评分结果直接影响着科研人员的薪酬调整和职业晋升。科研评估被比作一把"指挥棒",它的准则指向何方,科研工作者便向相应的领域努力,这突显了其在价值导向上的显著功效。这种表面上看规避了同行评审主观性的评估手段,却滋生了专注科研数量而忽略科研品质的心态,还助长了科研领域的功利主义倾向。例如,SCI 学术论文持续作为关键的评判准则而在众多评审过程中被广泛采用。在部分科研资金申请的评审结果中,我们不时看到如缺乏

SCI 期刊发表的项目等被用作不支持资助的关键评价理由。尽管我国在 SCI 期刊发表论文的数量位居全球领先地位,然而每篇论文的平均被引用次数却未达到国际平均水平。更值得注意的是,我国发表的 SCI 论文中有高达 35% 未获得任何引用,这一现象反映出 SCI 论文数量至上的倾向已经带来了负面的效应。杨忠泰提出,对待不同的研究类型,如基础探索、实用创新和实验发展,应当采取区分化的态度;针对不同学科领域,如理科、工科、农学、医学、文学、历史和哲学,不应一概而论;而且,对于评价的主体,如新任教师与资深教授,应当有所区分。调整科技评价的导向偏差,需要精心平衡科研成果的数量与品质。过分推崇如 SCI 之类的量化指标,却忽略了研究的深度与质量,这种做法是主次颠倒的。结合定性与定量的评价方法,坚持具体情况具体分析的原则,确保评价的准则、手段和结果与价值导向相吻合,并反映出科研活动的固有规律,这才是科技评价应当持续发展的正确路径。

二、科研管理服务核心能力的内涵

目前,我国改革已迈入深水区,经济产业结构正处于从传统向现代的过渡,原有的粗糙、效率低下的生产方式迫切需要向更加精致和革新的方向发展。创新引领增长已经获得社会各界的普遍认同,科技变革与创新扮演着推动经济持续进步的关键角色。然而,在我国高等院校中,科技的进展与经济的发展之间并没有建立牢固的互动关系。一方面,众多高等教育机构中大量的科研成就未能得到利用,未能及时转化为对经济社会的显著效益;另一方面,企业由于缺少关键技术以及知识产权的支撑,导致其无法制造出具有市场竞争力的商品。因此,教育部于 2011 年启动了"高等学校创新能力提升计划"。同时,科技部完成《中华人民共和国促进科技成果转化法》的修订,并于 2015 年开始执行。这两项关键的科技管理策略显著提高了高等教育机构对科技成果商业化的认识程度。高等教育机构的科研管理部门在遵循最新政策指引下,须拓宽视野,主动深入到市场需求的前沿,积极寻求与人才、资金、资讯等关键资源的整合机会。高等教育机构需要调整内部评估机制,使之不再只注重基础学术研究,尤其是不再简单通过纵向研究项目以及国际期刊文章发表衡量学术水平,而是要采纳一个包含实用创新研究在内的更为全面的评估制度体系。

此外,我国科技的总体规模已十分巨大,科技工作者对于稀缺的科技资源的争夺也日渐加剧。《中国科技人才发展报告(2014)》指出,到2013年,我国的科技人力资源规模已达到7150万,这个数字使我国在科技人力资源的总量上超越了美国,位居全球之首。科研人员众多而科技资源有限,使得资源分配常常显得捉襟见肘,导致科技工作者在争夺科研资金方面展开了愈演愈烈的竞争。观察2015年国家自然科学基金项目的申请数据,相较于前一年,项目总数呈现了9.89%的显著上升。在激烈的科研领域竞赛中,仅仅依赖科研人员独立争夺资源的孤立作战方式已不再能够满足于时代发展的趋势和潮流。科研管理机构需担起桥梁和辅助的角色,为科研工作者们营造更为优越的内外部研究条件,并通过多样化的措施推广科研人才及其成果,与此同时也要关照到企业的需求,做到及时回应市场和实践的关注。

在审视了现有的问题与趋势之后,考虑到我国目前科研管理中广泛存在的烦琐审批流程和刻板管理方式的问题,本项研究提出一个紧迫的议题:如何在目前高校创新力不断攀升的背景下,提升科研管理机构的服务质量与工作效能。进一步地,研究旨在探索科研管理如何有效地引导并推进科研工作向前发展,以期为科研工作者和教师提供更为坚实的支持,确保科研工作的顺畅进行。本部分深入探讨了高等教育机构在科研管理方面的基础功能,从中提炼出构建资源网络与提供公共服务的能力,将其视为提升该领域管理效率的关键特质。进一步地,本节采用了一种融入式的服务观念分析架构,对如何加强科研管理效率的根本途径及其应对策略进行了研究。

(一)理论框架

当前中国的科技和教育体系源自苏联模式。在特定历史阶段,那种以周密安排为特征的研究管理方式曾经实现了集中资源和能力来实施重大项目的目标。然而,随着我国经济体制从计划经济向市场经济的深刻转型,我国科技体制也亟须摒弃"计划经济思维",转而采纳更加灵活的管理策略,以适应当前科技发展的趋势。高等学府内的科研活动是我国科技体系建设中的关键部分,当前这些科研活动正经历着体制层面的深刻转变。探索如何把原有的以指示和响应为核心的管理方式,转变为以更加贴合服务内容为导向的支持参与式研究管理模式,这要求我们对当前对科研管理内涵和职能进行深入的批判性分析。我们必须采纳更前沿的管理观念,并利用具体可行的政策工具来彻底重塑科研管理的过程。

1. 高校科研管理部门职责、功能和定位的相关研究

在我国的高等院校体系内,担当科学研究与学术活动治理职能的机构,常规情况下,它们会依照治理的具体领域来进行区分,分别是负责自然科学领域的研发管理部门和负责人文社会科学领域的学术管理部门。通常情况下,自然科学方面的治理机构被命名为科学技术处,在一些规模较大的教育机构中,它们可能被称作科研部或者科研院。相对地,人文社会科学方面的治理机构则一般被称作社会科学处。无论是针对社会科学还是自然科学领域,高等教育机构在科研管理方面的角色和效能大体相通,这种角色和效能源自高等教育机构科研实践的进步,并根据各个教育机构独立发展的具体状况自主设定,并非基于上级教育或科技管理部门的文件指示。

在对中国各级高等学府(如 C9 联盟成员、985 工程院校、211 工程院校以及一般本科院校等)进行样本抽取后,对它们负责科技事务的部门所公布的职能进行了细致的分析。科研管理机构的主要职能包括规划科技发展蓝图及制定相关政策法规,同时对各类科研活动如项目、成果、平台及团队进行监督管理。大学的科学研究管理机构的核心职能被认为是承担科技治理职责,具体内容是聚焦于科研项目管理,开展涉及人员、资金、物资的管理任务。首先,在管理科研人员方面,高等院校的科学技术管理部门主要依靠科研绩效的量化评分机制,引导科研工作者的研究路径;其次,关于资金的管理,该部门通过对

研究资金预算和执行进行严格监督,以实现对科研项目资金的监管;最后,关于物品的管理,这主要涉及实验器材、设备和原料的采购,而这同样需要科研管理机构对预算和开销进行审批管理。

显而易见,高等教育机构在对待科研管理机构的理解上,依旧固守着以行政指令为核心的方法论,主要依赖于科研评估、研究资金管控以及科研项目指导等手段,从而在策划阶段对科研工作者或科研工作进行指导和干预。在这种以管控为核心的思维模式影响下,科研管理机构的角色往往局限于执行既定计划的纵向研究项目中,忽视了对科研个体成长的支持,同时减弱了对市场及其他变革性因素所激发的科技需求感应能力。导致的现象是科研管理机制出现了固化迹象,趋向于行政化,与此同时,社会服务方面的能力显得薄弱。

2. 嵌入式理念下的分析框架

当前高等学府管理科研的理念与实际操作,整体上显示出较强的计划性但缺乏足够的灵活性。提升科研管理部门服务的积极性所依赖的方法与策略,不应只是将"增强服务观念"当作一个空洞的标语。科研管理者应当更全面地融入科研项目的各个阶段,从初始的策划、统筹、申请,到中期的实施、沟通,再到末期的成果转换,全程参与并扮演参与者与关键辅助角色的职能,而不应仅限于作为一个项目的观察者和监管者。采用融入式思维架构能够深化科研活动中深度参与的治理方法。

内嵌理念首次由卡尔·波兰尼(Karl Polanyi)在1944年提出,旨在剖析经济学说。他的观点是,经济活动与经济体系和非经济体系紧密相连,并深深地扎根于其中。随后,内嵌理念及其理论框架持续演化与精细化,范围从单一的宏观环境制度内嵌,扩展至中观组织间的联系内嵌,最终抵达微观的多元互动复杂网络内嵌,这一进程使其逐渐受到肯定并在社会科学领域(远超经济学范畴)得到广泛应用,比如在企业治理中阐释其内部网络结构的解析。关于内嵌理论的传统剖析架构,可区分为两种主要类型:一是体系内嵌性,二是关联内嵌性。结构内置性架构主要探讨网络中进行嵌入行为时的整体性能与构造,例如考察企业在网络结构中的结构洞数量和位置以及如何作用于整个网络。

关系嵌入性框架主要用于研究相互嵌入行为之间的关联性,其核心在于分析各类服务的本质内容、互动的频次等信息。本项探索运用了关系嵌入性的理论架构,考量了高等教育机构科研管理团队在教师科研工作方面的支持作用——科研工作者持续性地投身于学术探究之中,并以科研团队的特定需求为指导原则,不断地向他们提供各类已经掌握的资讯、政策等支持资源,同时协助他们建立和交流可能的资源联系,将其视为一种基于关系嵌入性的服务模式。

(二)高校科研管理部门的核心服务能力

若高校的科研管理机构单纯依赖"行政化"的管理模式,便难以与教师们的科研活动融洽地相处,亦无法迎合日益增长的科研工作量及其科研质量标准对管理工作的更高期待。高等学府的科研治理部门应更深入地阐释其根本的重要性,逐步摒弃原有的管理心态,转向提供公共服务与知识传播为服务宗旨,增强关键的服务效能以及增强院校科研的整体水平。

1.高校科研管理部门的公共服务属性

大学的科研管理机构,本质上属于学校的行政责任分支,担当的职责与政府在大的社会环境中扮演的角色具有可类比性。在 20 世纪 70 年代,西方国家引领了一场名为"新公共管理运动"的浪潮。该运动的核心理念是将公众视为"消费者",坚持公共服务应该以"消费者导向"为原则。由于我国高教体系内行政化的管理模式长期居于主流,治理理念习惯了以权力核心的权威导向,需逐步转向以民众需求为中心的服务宗旨。近年来,越来越多的人呼吁高等教育机构"去除行政色彩",学术界已经就"学者管理大学"和"科学研究团体的自我治理"等观念进行了广泛的探讨。我国在追求"去除行政干预"和"学者管理大学"的道路上,尚需深入进行理论和实践的追寻。在这一过程中,采纳"新式公共管理"的理念,增强政府部门的服务理念和服务意识,被视为更切合当前实际的策略。

依据马英娟[67]对公共服务概念的阐述,高校科研管理部门提供的服务种类是高校内部基础性质的公共服务,主要呈现以下特性:第一,高等院校的科研管理机构所推出的科研基金申请和科研资金管理活动,均是为了满足教师或研究人员的普遍性需求而设计推出的,其受益者包括众多教师群体,所提供的服务在性质上是开放和公开的。第二,科学研究作为高等教育机构四项核心职能之一,对教师的专业成长至关重要。因此,高校科研管理服务对于满足教师基本的专业成长需求显得尤为关键。第三,科研工作者在学术探究的道路上,往往须臾不离地依托于院校提供的管理支持。大量的科研基金申请,均需以教育机构为主体进行,而且,众多私营企业和科研人员之间的合作协议,通常情况下,是以院校作为签约方。这些教育机构的员工,为了完成与私营企业的合作项目,经常需要使用学校配备的共用科研资源。第四,高等教育机构的科研管理服务源于校园行政权力架构,并且在该教育机构内部扮演着独一无二的角色。在这个框架下,针对学术研究的行政服务机构,为广大教职工提供的全方位服务,涵盖了从科研项目的申请、科研成果的奖励申请、跨领域合作协议的签订,到科研资金的监管等众多科研管理领域,均属于科研管理公共服务的范畴。

2. 高校科研管理部门的知识服务属性

高等教育机构的科学研究治理机构,不仅应肩负起校内共享服务的职能,更应强化其作为连接校外资源的中介角色,提供与知识生产相关的智力服务。大学在剧烈的竞争氛围中推进科学研究,必须要吸收或者利用更多的外界资源、资本。学校在所处的社会环境周围可获得的学术探究资源不仅限于研究资金,亦拓展至学术界的名誉、众多期待合作的公司机构、国际与国内紧密联系的高等学府和科研机构,以及各级负责科技和教育的官方部门。顶级大学的研究管理机构擅长针对教师的具体需求、学校独特的发展属性以及科技发展的宏观战略,最大限度地搜集各类高品质资源。它们将这些资源进行优化组合和持续维护,构建起一个全面的资源网络体系,这个体系不断地为学校的教师和研究人员提供支持,助力他们迅速进步,并在科研领域赢得竞争优势。

实际上,对于学者而言,高等教育机构的科研治理部门所给予的,与创业孵化器为企业提供的培育支持极为相似,这是一种知识扶持服务。钱平凡[68]和其他研究者看法一致,他们视孵化器为一种助力新兴企业成长的工具,它通过提供必要的管理协助和丰富的资源体系,推动新兴企业的进步与发展,这被认为是促进经济上升的一种策略或企业发展的模式。企业从孵化器那里获得的不仅仅是资金、空间和政策支持,更重要的是,它们得到了关于创业的教导、关于业务发展的共通知识,以及通向成功之路所需的一整套资源。知识服务涉及满足用户多样化的信息需求,其提供者基于对顾客需求的洞察,从组织内外筛选并整合信息和智慧资源。他们运用创新思维和适宜的技术手段,在互动的环节中引导用户吸收知识并解决难题。科研活动极度倚重知识和信息的迭代更新。科研管理机构常常依赖外界资源来搜集诸如项目提议、研究手段、合作愿望等情报。这些信息通过与校内工作者的交流和互动,被转化为学校可用的知识财产。根据教师个人的成长阶段和项目的各个关键时期,这些资源会被有效地分配给教师和科研工作者。

3. 高校科研管理的核心服务能力

总结之前的分析,高校科研管理服务的核心能力应该包括两个方面,对学

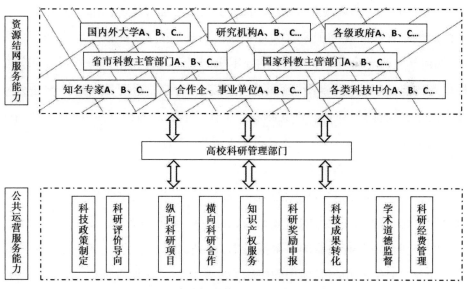

图4.2 高校科研管理核心服务能力模型

校内部的公共运营服务能力,还有对学校外部的资源结网服务能力(见图 4.2)。

(1)公共运营服务能力

大学里的科研管理机构为教授和研究人员提供基础服务,并通过对科技活动的评审、许可和监督等体制安排,促进和维持整个大学的科研运作。鉴于高等学府科研管理机构的基本性质,及其面向公众提供服务的本质,本书提出高校科研管理内部公共服务能力的表征主要涵盖五个方面。首先,是主动服务观念的树立。我国高等教育机构的某些个别管理人员,服务态度显得傲慢且冷淡,他们在部署任务或面对挑战时,总是优先考虑自己的方便,而不是站在教师和科研人员的角度思考。因此,从事科学研究管理的工作人员应当具备向公众提供服务的关键能力。其次是稳定输出服务的能力。科研管理人员的服务稳定性、信赖度以及其依照政策、法规、文件及标准流程提供服务的能力,是衡量科研管理公共服务可靠性的关键指标。三是服务效率。无论对何工作开展评价,效率都是需要考察的重要方面。现实中可能会存在相关部门人员懒作为、慢作为甚至不作为等态度消极敷衍现象,这种态度和行为往往导致服务效率不高,所以应把工作人员的服务成效纳入评价标准。四是服务公平性。科研管理涉及多个流程和环节,特别是其中存在大量的评审和评价工作,如何建立科学合理、公正公平的评审机制对于发挥科研人员积极性和创新性以及构建健康的"学术圈"都具有重要意义。五是透明性。透明性是公平公正的重要前提,提高透明性意味着要迅速、准确、及时公开重要信息,从而减少暗箱操作空间。

(2)资源结网服务能力

高校科研团队在学术探索过程中,需要从外部环境中吸取必要养分以支持研究活动。针对改能力的养成是构成高校科研管理及知识服务基本内涵的关键所在。在企业孵化器的学术探讨中,普遍认同一个观点:支持创业的知识传递服务主要依赖于与其他中间机构的互动联结。科研管理机构在高等学府内,负责吸引并整合科研成长所依赖的校外资源。这一过程主要涉及与政府机构、工商业组织、专业研究单位、其他高等教育机构、科技服务中介以及杰出学者等众多科研相关个体与组织的互动与合作。高等学府的科研管理机构，通过正规的协议纽带或非正规的社交纽带，与那些资源节点构筑起牢固的紧密联系，进而将众资源节点编织成一个庞大的科研资源网络。科研生态链持续向外拓展，连接更多的生态元素节点。高等学府科研管理机构的知识服务能力主要表现在，与高质量资源点的连接数量，以及与这些资源点之间的联系紧密程度。

高校教师能够从多样化的资源节点那里获得各种资源和机遇。各级行政单位，诸如国家级、地方省市级别的科技和教育管理机构，有权授予科研项目和科技奖项的立项机会；企业和其他组织能够给予跨领域的项目协作机会；科技服务机构能为专利申请、技术成果转化以及创业投资提供平台；国际与国内的院校和科研机构则能为教师提供科研协作的机遇；政府各级部门推出各种政策支持与行业咨询服务；而知名学者则能传授科研技巧，担任项目负责人或关键研究人员，参与科研活动。同时，这些学者若对学校和科研工作者较为熟悉，便能更轻易地掌握相关成果的学术价值，在科研评审过程中，更能有效地展现学校或科研人员的学术实力。

(三)提升高校科研管理核心服务能力的对策与建议

1.嵌入式科研管理服务的模式

科研管理部门在挑选嵌入式研究管理方案时，主要考量的是嵌入研究的具体措施和恰当的时机选择。科研管理工作者应适时融入研究的全流程，因为科学研究管理主要由科研项目的生命周期规律与管理工作的服务性质决定的。在各个环节如科研项目的策划、预答辩准备、团队成员挑选、基金申请书的拟定和递送、项目陈述、启动、总结、知识产权维护、奖励申请以及成果商业化进程中，科研管理工作者需要主动融入科研团队。他们可以与研究人员密切沟通，培养和谐的伙伴关系，掌握他们的特定需求，并将自身的资源、专业知识和技能与团队共享，帮助团队克服困难与挑战。

科研管理服务嵌入科研工作的主要模式包括紧随团队研究,深入其中提供对外协商的相关服务,以及策划科研成果的展览、推介、学术研讨会等具有桥梁作用的服务。首先,密切跟随协助式服务主要面向的是科研团队在项目准备和申请阶段。科研管理人员需融入科研团队,参与各种选题的策划、论证的学术会议,并及时与上级立项部门进行沟通,以便提供各类政策信息。在成员挑选过程中,他们需要进行内部各单位及成员间的协调沟通工作,以便更加充分有效的组成团队。在申请书编写和提交阶段,他们要提供格式审查的服务。此外,在项目立项和开题阶段,他们还需提供邀请知名专家进行指导和评论的服务。科研管理人员应深入参与科研团队与外界企业合作谈判的过程。凭借学校科研管理部门和学校的地位,他们应为科研团队提供更多的谈判基础资源。他们应运用自己深厚的科研政策知识,协助科研团队争取更大的利益。最后,学校应当促使科研团队积极参与各类科技成果的展览以及融资演示活动,并安排知名的专家和各个企事业单位与科研团队进行交流,形式包括洽谈和学术研讨会议等。学校需要通过多元化的途径来推广其科研成果。

2.科研管理服务的支撑政策

科研管理从传统模式向嵌入式服务的飞跃,需要向管理者施加更大的压力和挑战,借助于相关政策措施促使服务理念的重塑,同时构建激励机制作为支持保障。当前,评估高等教育研究机构管理效能的标准集中在研究成效上。然而,研究成效的优劣并非仅归功于管理团队,科研人员的辛勤工作同样是影响因素之一。因此,仅依赖量化的研究成果来评判科研管理人员的成绩,未免失之偏颇。以科研项目管理人员的业绩,如项目数量、学术论文发表、科研成果的质量高低作为评价标准,这种做法偏向关注最终成效而忽略了管理过程中的努力与策略。若未能透彻把握科研活动的管理流程,便无法为优化科研管理提供确切的参考依据和必要信息。因此,本研究主张高等学府的管理层应当更新科研管理部门现存的绩效管理机制,采纳科研服务品质评估体系,并且让作为服务终端接受者的教师和科研工作者参与到对科研管理服务的感知与评审过程中。将科研服务的品质评估与研究成果的业绩监控相融合,能够显著增强科研管理者的服务观念和服务效能。

3. 以科研服务质量的测度作为改进服务、调整政策的依据

高等学府的管理层在策划或修订院校的科技方针时,必须掌握科研管理机构作为科研辅助的现状与独特性,梳理众多教职员工的需求与意见,方能制定出既顺应学校特色又便于执行的规章。本书主张,借助于评估公共服务的水平和网络资源服务的质量作为衡量标准,对广大的学术工作者和教育工作者进行广泛的问卷收集活动,这样做可以较为精确地揭示科研管理服务的成效和不足,以及教师们的心理期待。管理层能够透过依赖性、确保性、效率性、共情性和公正性这五个维度,洞察科研管理机构在基本公共服务领域的表现。此外,通过考察与外部实体的联结数量及其互动频度,管理层也能掌握科研管理机构在整合外部资源方面的能力。因此,能够更具体地优化科研管理服务的品质。

4. 提升科研进程监督,摒弃以 SCI 为核心的成果导向机制

近期,我国民众和国家领导层越来越清楚地意识到,衡量我国科研成就的关键不应仅仅是发表了多少篇 SCI 学术论文,而更重要的是这些研究在解决我国乃至全球现实问题上的实际贡献。教育部和科技部联合印发《关于关于规范高等学校 SCI 论文相关指标使用　树立正确评价导向的若干意见》,呼吁从事研究工作的同志们将科研成果镌刻于国家广袤的土地之上,人民对于那些勇于奋战在医疗前线的院士们的崇敬,充分体现了这一点。改革 SCI 主导的科研评估体系,实际上触及的是减轻对研究成效过分强调的现状。改革科研工作者的价值观念,首先要从改变科研管理者的价值取向和评定晋升机制着手。通过实施诸如感知服务量表之类的流程管理工具,有助于科研管理人员逐步向平衡结果与过程的理性思维模式转变。

5. 构建平等和谐的科研环境,通过均衡利用外部资源来实现公正性

科学研究或创新活动,既是对限制毫无畏惧的自在探索和充满想象的历程,又是追求非私利的强烈竞技场。科研成果全球共荣,科学篇章只铭记率先探明和创造者的名字。因此,科研管理机构在营造一个对科研工作者更为公

正、宽松、有组织的科研氛围的同时,还应赋予他们更多元化的外部环境资源,助力他们在剧烈的竞争环境中不断发展壮大。

本章参考文献

[1]孟子龙.超大城市数字政府建设的演进路径与变迁逻辑[J].城市问题,2022(06):88-94+103.

[2]赵金旭,赵娟,孟天广.数字政府发展的理论框架与评估体系研究——基于31个省级行政单位和101个大中城市的实证分析[J].中国行政管理,2022(6):49-58.

[3]吴新叶.算法赋能的场景议题与应用框架——以数字政府建设为对象[J].人文杂志,2022(06):40-49.

[4]王绪,王敏.技术嵌入与组织吸纳:党的全面领导与数字政府建设的双向塑造——基于A县级市"最多跑一次"改革的分析[J].理论月刊,2022(06):38-49.

[5]郑跃平,孔楚利,邓羽茜,等.需求导向下的数字政府建设图景:认知、使用和评价[J].电子政务,2022(06):2-21.

[6]FENG Y CH, LI F W, Sun H W. A Study on the Relationship Between Self-efficacy, Psychological Resilience and Job Burnout of Grass-roots Civil Servants: The Moderating Role of the Big Five Personality Traits[J]. *Journal of Occupational & Environmental Medicine*,2022,64(10):889-895.

[7]XIAO L S. Relationship Between Grass-roots Civil Servants' Internal Motivation and Public Service Motivation[J]. *Journal of Social Science and Humanities*,2022(05):80-83.

[8]SONG HL,ZHANG M L,WANG Y J, et al. The Impact of Resilience on Anxiety and Depression among Grass-roots Civil Servants in China[J]. *BMC Public Health*,2021(01):710.

[9]Xie Lingling, Yang Lihua. The Influence of Perceptions of Promotion Opportunities on Job Performance and Its Mechanisms: A Case Study of Chinese Junior Civil Servants[J]. *Journal of Contemporary China*, 2021(127):118-135.

[10]王张华,张轲鑫.互联网企业参与数字政府建设的动力分析:理论框架与释放路径[J].学习论坛,2022(03):64-73.

[11]明承瀚,徐晓林,张梓妍.数字政府信息基础设施安全风险的特征研究[J].行政论坛,2022(03):41-48.

[12]李辉.层层加码:反制科层组织执行衰减的一种策略[J].中国行政管理,2022(04):89-94.

[13]蒋美仕.科研不端行为及其防范体系的理论与范例研究[D].长沙:中南大学,2009.

[14]陈亚芬.基于国家创新体系的高校科研管理机制研究[J].科技管理研究,2009(03):137-140.

[15]陆根书,席酉民,梁磊,等.建立基于效率的高校科研管理体系与运行机制[J].研究与发展管理,2007(02):119-123.

[16]余国杨,蔡兴勇,钟汉均,毛钟红.高校科研管理体系要论[J].广州大学学报(社会科学版),2005(09):70-74.

[17]王丰超,彭颖红.研究型大学科研管理模式比较及实证分析[J].科技管理研究,2007(09):155-157.

[18]赵跃华.高校科研管理制度比较研究及导向思考[J].科学管理研究,2010(01):30-33.

[19]雷朝滋,高俊山,王维才.高校科技体制改革探析[J].科学学与科学技术管理,2005(09):98-102.

[20]刘双清,伍小松,王奎武.加强高校科研管理"四部曲"[J].中国高校科技,2013(11):20-21.

[21]王章豹,汪立超.我国高校原始创新能力不足的成因分析及其建设路径[J]现代教育科学,2007(05):1-5.

[22]王键,王水平.高校科研管理组织结构创新研究[J].科技管理研究,2007(11):128-129.

[23]王蕾,赵秀海,吴丽娟.高校科研二级管理探析[J].中国林业教育,2009(03):40-43.

[24]李涛.基于无边界组织理论的大学校级科研管理组织新设计[J].研究与发展管理,2021(06):109-114.

[25]丁福虎.科技管理中的五大悖论[J].中国科技论坛,2003(03),101-103.

[26]徐思祖,黄宏,严会超,等.科技处长议"双肩挑"的科技处长[J].科技管理研究,2004(01):74-75.

[27]曹先维,黄宏,徐思祖.高校科研处长"双肩挑"的利弊调研[J].研究与发展管理,2003(02):85-94.

[28]丁福虎.高校职员制度下的科技管理队伍建设[J].研究与发展管理,2002(01):26-29.

[29]吴道友,刘文献,贾玉平,等.高校科技管理干部队伍建设现状调查分析[J].生产力研究,2012(12):113-114+135.

[30]马卫华,吴斯桃,赵敏.关于高校科研管理团队建设的思考[J].华南理工大学学报(社会科学版),2003(02):93-95.

[31]赵巧萍.基于生命周期的科研项目管理模式[J].产业与科技论坛,2010(06):221-222.

[32]房卫东,张为,纪虹,等.面向科研院所的科研项目整合管理体系研究[J].科研管理,2012(05):95-100+114.

[33]王健菊,常东坡,赵时亮.科学研究中的项目管理思想——大科学时代科研项目的管理方法论[J].自然辩证法研究,2005(03):83-86.

[34]黄喜,李建平,张洪石.科研项目管理成熟度模型及其应用研究[J].中国科技论坛,2009(06):15-19.

[35]王悦,孙树栋.科研项目管理的成功标准和风险分析[J].中国科技

论坛,2006(03):27-29+37.

[36]李新荣.高校科研项目绩效管理:产出与评估[J].科技管理研究,2009(08):230-233.

[37]徐孝民.高校科研项目人力资本投入补偿的思考—基于科研经费开支范围的视角[J].中国软科学,2009(12):32-38.

[38]李兵,李正风,崔永华.课题制科研经费管理存在的问题与对策[J].中国科技论坛,2011(07):5-11.

[39]张岚.关于完善高校科研经费预算管理体系的思考[J].中国科学基金,2014(01):40-45.

[40]周艳敏.高校知识产权管理:界定与现状分析[J].中州大学学报,2006(02):16-19.

[41]李名家,杨俊.美国和日本高校知识产权战略研究[J].武汉大学学报(哲学社会科学版):2005(06),809-812.

[42]宋河发,曲婉,王婷.国外主要科研机构和高校知识产权管理及其对我国的启示[J].中国科学院院刊,2013(04):450-460.

[43]黄亦鹏,刘鑫,朱艳,等.国内高校知识产权管理机构现状及前瞻研究[J].科技管理研究,2013(05):96-99.

[44]陈春花,杨映珊.基于团队运作模式的科研管理研究[J].科技进步与对策,2002(04):79-81.

[45]卜祥云,唐贵伍,蔡翔.高校创新型科研团队:概念、特征及功能[J].科技管理研究,2008(10):90-92.

[46]王怡然,陈士俊,张海燕,等.高校科研团队建设的内涵、特征及类型[J].西南交通大学学报(社会科学版),2007(03):20-23.

[47]吴彩丽,赵晓春.高校高创新性科研团队的行为模式——以纳米科学为例[J].中国科技论坛,2013(12):104-108.

[48]黄宇,李战国,冯爱明.高校科研创新团队建设:困境与突围[J].高等工程教育研究,2013(02):97-100.

[49]方勇,王明明,刘牧.创新视角下高校科研团队的组织结构设计[J].科技进步与对策,2008(05):180-184.

[50]刘仲林,宋兆海.发展中国交叉科学的战略思考[J].中国软科学,2007(06):17-22.

[51]魏巍,刘仲林.国外跨学科评价理论新进展[J].科学学与科学技术管理,2011(04):20-25.

[52]钟灿涛,李强,王伟.科研质量管理体系建设与高校科技创新能力:冲突及解决方法[J]科学学与科学技术管理,2008(03):103-108.

[53]贾丽洁,严书亭,朱清香.基于质量管理体系的科研管理系统[J].中国高校科技,2011(08):24-25.

[54]张晓军,席酉民.我国高校科研管理的问题与改革建议——基于资源配置的视角[J].科学学与科学技术管理,2011(07):58-63.

[55]程志波,李正风,王彦雨.科学治理视野下的中国科学共同体:问题与对策[J].科学学研究,2010(12):1778-1784.

[56]杨忠泰.完善高校科研评价的思考[J].科技进步与对策,2013(03):153-156.

[57]金碧辉.高论文量与低引文量带给我们的思考——关于科技评价的价值导向与定量指标[J].科学学与科学技术管理,2004(03):9-11.

[58]张来武.论创新驱动发展[J].中国软科学,2013(01):1-5.

[59]陈曦.创新驱动发展战略的路径选择[J].经济问题,2013(03):42-45.

[60]陈宝明.《促进科技成果转化法》修订的意义与主要内容[J].中国高校科技,2016(21):16-18.

[61]中华人民共和国科学技术部.中国科技人才发展报告(2014)[M].北京:科学技术文献出版社,2015.

[62]杨玉波,李备友,李守伟.嵌入性理论研究综述:基于普遍联系的视角[J].山东社会科学,2014(03):172-176.

[63]兰建平,苗文斌.嵌入性理论研究综述[J].嵌入性理论研究综述,2009(01):104-108.

[64]骆四铭,柴世思.高校行政化转型与治理[J].现代大学教育,2011(02):50-54.

[65]马成祥.新公共管理视角下我国政府管理模式的创新[J].改革与开放,2011(04):80-81.

[66]周川.中国近代大学"教授治校"制度的演进及其评价[J].高等教育研究,2014(03):77-84.

[67]马英娟.公共服务:概念溯源与标准厘定[J].河北大学学报(哲学社会科学版),2012(02):75-80.

[68]钱平凡,李志能.孵化器运作的国际经验与我国孵化器产业的发展对策[J].管理世界,2000(06):78-84.

[69]马玲,陈智,郝福刚.企业孵化器知识服务能力构成建模与实证研究[J].研究与发展管理,2012(04):98:105+112.

[70]尤荻,戚安邦.科技企业孵化器知识服务互动模式研究——以天津市科技企业孵化器为例[J].科技进步与对策,2013(01):1-4.

[71]吕维霞,陈晔,黄晶.公众感知行政服务质量模型与评价研究——跨地区、跨公众群体的比较研究[J].南开管理评论,2009(04):143-151.

[72]习近平:提高关键核心技术创新能力 为我国发展提供有力科技保障[EB/OL].(2018-07-13)[2019-09-22].http://www.xinhuanet.com//politics/2018-07/13/c_1123123961.htm

[73]CHRISTIAN GRONROOS.Service Quality Model and Its Implications[J].*European Journal of Marketing*,1984(18):40.

[74]方勇,郑银霞.全面质量管理在科研管理中的应用与发展[J].科学学与科学技术管理,2014(02):28-38.

[75]陈华杰.全面质量管理思维下的高校科研项目质量管理[J].研究与发展管理,2011(02):121-125.

[76]MAGUIRE M, HAGEN M. Explosion of New Products Creates Challenges-age of Innovation Requires New Tools of Quality[J]. *Quality Progress*, 1999 (05):29-35.

[77]邱建国,杨默函,李君,等. 教育部属高校科研质量管理体系调查研究[J]. 北京大学学报(自然科学版),2013(12):341-348.

[78]罗晓光,申靖. 服务质量——高校科研管理绩效评价的新视角[J]. 中国高校科技与产业化,2006(02):46-48.

[79]孙佰清. 高等学校科研管理绩效定量评价方法研究[J]. 哈尔滨工程大学学报,2010(06):803-808.

[80]骆四铭,柴世思. 高校行政化转型与治理[J]. 现代大学教育,2011 (02):50-54.

[81]姚先国,温伟祥,任洲麒. 企业集群环境下的公司创业研究——网络资源与创业导向对集群企业绩效的影响[J]. 中国工业经济,2008(03):84-92.

[82]李宇,张雁鸣. 网络资源、创业导向与在孵企业绩效研究——基于大连国家级创业孵化基地的实证分析[J]. 中国软科学,2012(08):98-110.

[83]张定安,彭云,武俊伟. 深化行政审批制度改革推进政府治理现代化[J]. 中国行政管理,2022,(07):6-13.

[84]国务院关于进一步优化政务服务提升行政效能推动"高效办成一件事"的指导意见[EB/OL]. (2024-01-16)[2024-03-19]. https://www.gov.cn/zhengce/content/202401/content_6926255.htm

[85]朱光磊,张梦时. "放管服"改革背景下的审管关系演进逻辑[J]. 南开学报(哲学社会科学版),2021,(06):1-10.

[86]寇晓东,郝思凯,张兰婷. 系统论视域下的行政审批局改革:结构、动力与走向[J]. 上海行政学院学报,2022,23(02):18-31.

[87]马长俊,胡仙芝. 从审管分离到审管协同的逻辑与优化路径——对审管互动关系的分析[J]. 上海行政学院学报,2020,21(03):35-45.

［88］"中国城市营商环境评价研究"课题组,李志军,张世国,等.中国城市营商环境评价的理论逻辑、比较分析及对策建议［J］.管理世界,2021,37(05):98－112+8.

［89］宋林霖,何成祥.优化营商环境视阈下放管服改革的逻辑与推进路径——基于世界银行营商环境指标体系的分析［J］.中国行政管理,2018,(04):67－72.

［90］张三保,康璧成,张志学.中国省份营商环境评价:指标体系与量化分析［J］.经济管理,2020,42(04):5－19.

［91］范合君,吴婷,何思锦."互联网＋政务服务"平台如何优化城市营商环境?——基于互动治理的视角［J］.管理世界,2022,38(10):126－153.

［92］李文钊,翟文康,刘文璋."放管服"改革何以优化营商环境?——基于治理结构视角［J］.管理世界,2023,39(09):104－124.

［93］廖福崇.审批制度改革优化了城市营商环境吗?——基于民营企业家"忙里又忙外"的实证分析［J］.公共管理学报,2020,17(01):47－58+170.

［94］我国中小微企业已超5200万户［EB/OL］.(2023－06－20)［2024－03－19］.https://www.gov.cn/lianbo/bumen/202306/content_6887257.htm

［95］济南市行政审批与监督管理协同联动规定［EB/OL］.(2023－10－11)［2024－03－19］.http://jncredit.jinan.gov.cn/art/2023/10/11/art_41685_4796225.html

［96］国务院关于深化"证照分离"改革进一步激发市场主体发展活力的通知［EB/OL］.(2021－06－03)［2024－03－19］.https://www.gov.cn/zhengce/content/2021－06/03/content_5615031.htm

［97］宁夏石嘴山"审管联动"确保事中事后监管"无盲区""无死角"［EB/OL］.(2022－08－22)［2024－03－19］.https://www.ndrc.gov.cn/fggz/fgfg/dfxx/202208/t20220822_1333370.html

［98］朱光磊,张志红."职责同构"批判［J］.北京大学学报(哲学社会科学版),2005,(01):101－112.

[99]殷旺来,李荣娟.新时代政府职责体系的研究进展、逻辑转换与展望[J].理论月刊,2023(02):5-15.

[100]朱光磊,杨智雄.职责序构:中国政府职责体系的一种演进形态[J].学术界,2020,(05):14-23.

[101]朱光磊,锁利铭,宋林霖等.构建中国特色社会主义政府职责体系推进政府治理现代化(笔谈)[J].探索,2021,(01):49-76+2.